古典文獻研究輯刊

三七編

潘美月・杜潔祥 主編

第41冊

散見明代墓誌地券輯錄三編

周　峰　著

國家圖書館出版品預行編目資料

散見明代墓誌地券輯錄三編／周峰 著 -- 初版 -- 新北市：花
木蘭文化事業有限公司，2023〔民112〕

目 6+182 面；19×26 公分

（古典文獻研究輯刊 三七編；第 41 冊）

ISBN 978-626-344-504-8（精裝）

1.CST：喪葬習俗 2.CST：中國

011.08 　　　　　　　　　　　　　　112010538

ISBN-978-626-344-504-8

古典文獻研究輯刊
三七編 第四一冊 　　　　　ISBN：978-626-344-504-8

散見明代墓誌地券輯錄三編

作 　者 周 峰

主 　編 潘美月、杜潔祥

總 編 輯 杜潔祥

副總編輯 楊嘉樂

編輯主任 許郁翎

編 　輯 張雅淋、潘玟靜 美術編輯 陳逸婷

出 　版 花木蘭文化事業有限公司

發 行 人 高小娟

聯絡地址 235 新北市中和區中安街七二號十三樓

　　　　　電話：02-2923-1455／傳真：02-2923-1452

網 　址 http://www.huamulan.tw 信箱 service@huamulans.com

印 　刷 普羅文化出版廣告事業

初 　版 2023 年 9 月

定 　價 三七編 58 冊（精裝）新台幣 150,000 元 　　版權所有 · 請勿翻印

散見明代墓誌地券輯錄三編

周峰 著

作者簡介

周峰，男，漢族，1972 年生，河北省安新縣人。中國社會科學院民族學與人類學研究所研究員，歷史學博士，博士生導師。主要從事遼金史、西夏學的研究。出版《完顏亮評傳》《21 世紀遼金史論著目錄（2001 ～ 2010 年）》《西夏文〈亥年新法·第三〉譯釋與研究》《奚族史略》《遼金史論稿》《五代遼宋西夏金邊政史》《貞珉千秋——散佚遼宋金元墓誌輯錄》《談金：他們的金朝》等著作 22 部（含合著），發表論文 100 餘篇。

提　　要

　　本書為《散見明代墓誌地券輯錄》的第三編，共收錄明代的墓誌、地券 88 種，其中墓誌 81 種，地券 4 種，制書 2 種，墓磚 1 種。每種墓誌地券內容包括兩部分：拓本或照片、錄文。拓本及照片都來源於網路，部分沒有公開發表過。墓主大部分為不見經傳的普通百姓，為我們瞭解明代民眾的生活提供了第一手的寶貴資料。

目

次

凡　例

一、本書所收明代的墓誌、地券，拓本及照片都來源於網路，大部分沒有公開發表過。

二、本書內容包括墓誌地券拓本或照片、墓誌地券錄文。

三、所收墓誌地券皆另行命名，以避免原題繁瑣缺名的情況。墓誌地券原題皆在錄文中出現。

四、錄文採用通行繁體字，對於字庫中有的繁體字異體字徑直採用，字庫中沒有的繁體字異體字則不再另行造字，徑用通行繁體字。墓誌中現在通行的簡體字徑用原字。個別俗字一律改為正體。筆劃上略有增減的別字一律改為正體。

五、原字不全，但能辨明者，在該字外加框。殘缺不識者，用缺字符號□代替。錄文每行後用分行符號／表示換行，文尾不再用分行符號。

六、墓誌地券原來的行文格式不再保留，徑用現行文章體例。

七、墓誌地券排列順序以墓主卒葬日或刻石日前後為序。

散見明代墓誌地券輯錄三編

一、陳琇二地券　洪武六年（1373）三月七日

額正書：故立陳公琇二宣教地券

青鳥子曰：按鬼律云，葬地不斬草，名曰為之盜葬。故立券……／昌路南城縣太平鄉九都石塋居住陳公琇二宣教元俞……／初七日丑時，抾壬子年身故。今有孝男五：孫保、孫棣、孫……／保，孝女鑕奴，媳婦單氏、胡氏，孝孫師狗、啟生，上同母……／用到冥財一會，告予地府陰宮買到陰地一穴，坐落……／窠。東止甲乙，南止丙丁，西止庚辛，北止壬癸。中止……／方，盡是亡人塚宅。其地震艮来龍，癸山丁向……／男智慧聰明，盖世文章。田菌廣置牛馬……／餘食相充足。洪武陸年三月初七日己酉，牙人元是……／山詩竒特，擔錢人是吉州郎，在見蓬莱玉堂客……

二、鄧忞墓誌　洪武十六年（1383）六月十三日

額篆書四行：故主／簿鄧／自勉／墓誌

故主簿鄧自勉墓誌并辭／

儒學教授危進撰并書篆。／

主簿諱忞，字自勉。曾大父志廣，大父衰，父宗顯。早通書律，尤精／於漢唐人隸古。由郡縣史升至廬陵邑幕長。吳文正公、虞文靖／公皆契重之，為文以稱之。自勉及弟自誠皆嘗從文靖公游，公／有《字說》，及親為改業。既長，各有所成立。洪武三年春，自誠以《易／經》試春官，領郡教六年。自勉亦以詞章起，取赴／京，除河間莫州任丘縣主簿。八年，改除西安華州洛南縣主簿。／十六年，得告老免官歸。廼杜門校書，戶屨常滿。暇則與親友往還，／娛情詩酒，淡然與世相忘於形骸之外。噫！自勉可謂不得於彼，／則得於此，豈不樂哉！初，自勉未病時，會客飲，予亦預焉。後十又／二日，以疾終，或曰：「此自勉殆將与諸君子永訣耶？！」嗚呼！死生之／不可測也如是。死之日，十六年五月十又七日也。生於前原己／未二月二十日。娶趙氏，先歿，再娶傅氏。子男一，永，配梁氏。女二，／慶安重慶、萬煒馬隆，其婿也。孫男四：基、里、垔、堇。孫女一，進禄。將／以是年六月十又三日乙酉，葬于臨汝鄉一都朱櫻塘，附祖也。／前期，子永衰絰泣拜於庭，請誌其墓。按狀如右，系之以辭曰：／

幼學壯行，可以言志。任丘洛南，甘棠陰翳。／生順死安，可以無愧。鬱彼佳城，兆協三世。／先祖是依，慶流後裔。勒辭于石，有光無替。

三、周淳墓誌　洪武二十三年（1390）五月二十八日

額正書五行：先考／王公／大雅／朝奉／墓誌

先考姓周氏，諱淳，字大雅。先世祖自撫之金谿麻山／析居于臨川黎墟。曾祖諱銘，祖諱世華，有子四人，父／諱元隆，其三也，出贅于同里王仲明府君之家，因襲／其姓。先考質直而好學，悅隸書，尤善抒詩，少從前博／士進賢塗朱良先生而學焉。既而兵亂，挈家避地，寡／言慎行，故遠禍患，兵息而歸。相父治家，不墜先業已，／己為糧長。明年春，以疾而卒於家。嗚呼！何辜而不弔，／于天遽至此極耶！先考娶王氏。子男長諒，娶王；次友／直，娶王。女長適同里王章；次適上池王真，先三年而／卒。孫男長継觀，娶金谿翁塘傳；次継奴、継安。女試／女、孝女。甥男勝德、益德、真孫、瑞慶。先考生抒／元之至順壬申三月戊寅，卒抒／大明洪武庚午四月丙申。五月庚申，奉柩葬于里之／孔坑，山坐辛向乙，乃先考自取卜抒陳仲華氏者，宜／妥靈于是。孤不肖，不獲丐銘當世賢大夫，姑誌歲月，／納諸幽云。葬之前一日，孤哀子諒泣血書。

先考
王公
大雅
朝奉
墓誌

先考姓周氏諱淳字大雅先世祖自撫之金谿歷山
析居于臨川欵墟魯祖諱銘祖諱世垂有子四人父
諱元隆其三也出贅于同里王仲明府君之家因蘇
其姓先考方篤而好學悅隸書尤善於詩必徙前博
古進賢金粹良先生而學焉既而兵業邅地豪已
言慎行故遠禍患兵息而歸相父治家不墜先業已
己爲糧長明年春以疾而卒于家嗚呼何事而不再
于天遷至此極耶先考娶王氏子男長諱娶里宅女
直娶王女長適同里王章次適上池王真元三年而
而帝孫男長維觀娶金谿翁塘傳次維奴繼娶妾女試
女芳之王順壬申三月戊寅辛長孫瑞慶先考生於
元之王順壬申四月丙申先考自耶卜於陳仲華氏者宜
大明洪武辛酉乃先考自耶卜於陳仲華氏誌歲月
孔玩山坐辛卯乃先考自耶卜於陳仲華氏誌歲月
妻震于是似不肖不違丐孫京子當世賢大夫靜述並書

四、順德長公主壙誌　正統八年（1443）四月二十三日

順德長公主壙誌／

公主，／大明宣宗皇帝長女，／今上皇帝之姊也，／母后胡氏。公主生於永樂十八年十一月二十七日，／正統二年七月十五日冊封為順德長公主。十／二月二十四日下嫁駙馬都尉石璟，八年正月／十七日以疾薨，享年二十有四。訃聞，／上深哀悼，輟視朝一日，遣官致祭，勑有司營葬。／皇太后、／皇后皆賜祭，中外親王、公主悉官祭。以薨之年四／月二十三日，葬于宛平縣黑石山之原。葬之日，／上復輟朝一日。嗚呼！公主孝敬貞淑出於天性，宜臻／高年，永建厥家，安享富貴，而乃早逝，豈非命耶！／爰述其槩，納之幽堂，用垂永久云。

五、殷禮墓誌　正統十一年（1446）十二月九日

明故處士殷公仲禮墓誌銘 /

中順大夫、惠州府知府致仕維揚鄭本仁撰文。 /

南京户部福建清吏司員外郎甘棠劉澂丹書。 /

南京都察院河南道監察御史南昌魏淡篆盖。 /

大明正統甲申年六月十二日，處士殷公卒，卜次年丙寅十 / 二月初九日，祔葬扵河東鄉羅家鋪東南之原。厥子瑄衰経 / 含哀造予舘，下拜而請曰：「吾父不幸去世，迄今二載有餘，未 / 曾禮葬。今雖喪儀頗傔，所光諸幽者，墓未及銘，非淂先生之 / 筆不可也。」予辞弗獲，遂按狀。處士諱禮，字仲禮，姓殷氏，乃瓜 / 渚詩禮名族。祖八五，父彥昇，母許氏生處士昆季六人：曰諒， / 蚤逝；曰禮，即處士也；曰敬，蚤逝；曰謙、曰源，俱存；曰文，蚤逝。處 / 士稟賦渾厚，不事浮華，与凢庸殊。蚤歲經營湖□，晚年隱居 / 田里。親在，与其弟事親而親悅。親殁，葬祭以禮。友其弟而弟怡， / 治家而家齊，處鄉里而人皆信服無怨惡。施貧周急，無 / 餘饒，泊如也。平居篤訓子姪，喜交朋友，開導後進，其真扵人， / 人遠矣！春秋七十有一。配薛氏，甚賢淑，蚤卒。継室劉氏，亦先 / 公卒。子男一，曰瑄，来乞銘者。女二：曰妙清，適揚城闕進；曰妙 / 善，適里中名士紀文敏。有姪五：曰盛；曰靖；曰玘；曰寧；曰瓛。嗚 / 呼！處士雖殁，幸有承家子姪，□昌大殷氏之門扵他日而 / 未艾也。宜銘，銘曰： /

貌則豐兮德之充，世不用兮人則宗。 / 光諸幽兮髙其風，猗善人兮曷有 / 終。 /

正統十一年龍集丙寅冬十二月吉旦，孤哀子瑄泣血立石。 /

京口簡善鐫。

六、興平王妃曹氏壙誌　景泰七年（1456）十一月十八日

誌蓋正書三行：興平王／故妃曹／氏壙誌

興平王故妃曹氏壙誌／

妃姓曹氏，陝西都指揮同知敏之女也。生扵永樂二十／年九月十九日巳時。正統二年秋，膺妙選為／王配。景泰二年十月初一日，／冊封為興平王妃。／賦性聰慧，貞淑絕倫，足法宮壼。賛理／內治，悉出天成，故居族屬咸景慕之。子一人，／賜名公鑠。女一人，未封。／妃之行實如是。景泰六年春，感疾，上／聞于朝。蒙／特恩，賜藥調治，少痊，尋復作。扵是年十一月二十三日，以疾薨扵正寢，享年三十有四。訃／聞，欽蒙／皇上、／上聖皇太后、／皇太后、／皇后篤念親親，俱遣中官吳英致祭。命近侍護喪，有司營／壙如式。卜蔈之明年十一月十八日，祔葬扵咸寧縣／高望里鳳棲之原。嗚呼！妃作嬪王家，榮膺貴富，宜臻／壽考，而止扵斯，豈非命耶！爰述其槩，以誌諸幽扃云。／大明景泰七年歲次丙子十一月十八日。

興平王故妃曹氏壙誌

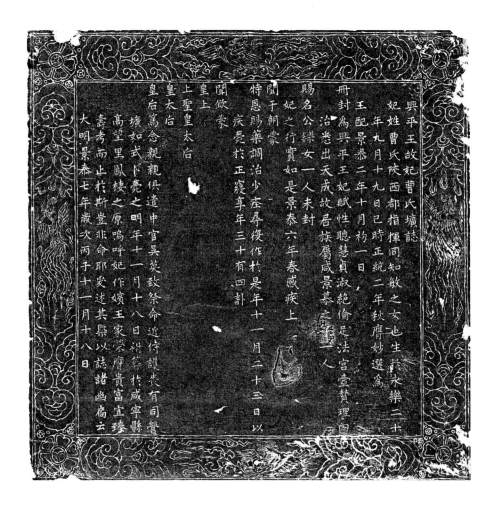

興平王故妃曹氏壙誌

妃姓曹氏陝西都指揮同知敬之女也生扵永樂二十
年九月十九日已時正統二年秋膺妙選爲
王配爲景泰二年十月初一日
册封爲興平王妃賦性聰慧貞淑絕倫足法宮壺贅理自
治慼出天成故居族屬咸景慕之妃一人
賜名公鎌女一人未封
妃之行實如是景泰六年春感疾上
聞于朝蒙
特恩賜藥調治少瘥尋復作扵是年十一月二十三日以
疾薨扵正寢享年三十有四訃
聞欽崇
皇上
上聖皇太后
皇太后
皇后篤念親親俱遣中官吳英致祭命近侍護喪有司營
壙如式卜葬之明年十一月十八日祔葬扵咸寧縣
高堂里鳳棲之原嗚呼妃作嬪王家榮膺貴富宜臻
壽考而止扵斯豈非命耶爰述其槩以誌諸幽扃云
大明景泰七年歲次丙子十一月十八日

七、秦康王妃陳妙廣壙誌　成化九年（1473）十二月四日

大明宗室／勅謚秦康王妃陳氏壙誌銘／

秦康王妃陳氏諱妙廣，其先湖廣黃岡人，昭信校尉西安左護衛百户超之／孫，西城兵馬指揮政之女，母張氏。妃生而性行端一，聰慧出羣。自幼知孝敬，／為父母鍾愛。甫笄，選配富平王。／上命正使豐城侯李賢、副使右副都御史李素捧持／節冊，顯授妃封，時宣德元年九月二十七日也。又明年，王入繼秦封。／上復遣正使禮部尚書兼華盖殿大學士張瑛偕副使再持／節冊，進封為秦王妃，宣德三年三月二十日也。妃兩拜封冊，光被／恩寵，位愈隆而心愈下。侍姑奉祭竭盡心力，未嘗委勞扵人。平居儉約，惟樂施與。／康王性嚴重，妃委曲順承，謀無不協。諸子若孫，心雖慈愛，而程課學業，畧不／假借。康王延譽當時，子孫各保禄位，謂非妃相之教之不可也。至扵睦族逮下，／恩義兼隆，宮闈肅如，內治居多焉。暇則焚香端坐，閱小學、《女誡》、《烈女傳》／諸書，或廢飲食不釋手。其嘉言善行，足以為法。當時可傳後世者，不可殫紀。／康王既薨之十有九年，為成化九年四月十八日，妃以疾薨扵正寢。訃聞，／上輟朝素服，遣內官監右監丞張喜齎香帛祭文賜祭，／皇太后、中宮、在京親王、公主皆致祭。工部官張転齎送銘旌，兼瞥葬事。陝／西布政司成造冥噐如制。復／命欽天監五官挈壺正彭英擇是年十二月四日，合葬咸寧縣章曲里鴻固原／勅脩康王之塋。妃生扵永樂辛卯十二月二十八日，享壽六十有三。子三：嫡公錫／襲封秦王，妃王氏，繼嵇氏；庶公銘，封臨潼王，妃劉氏。公鏜，封郃陽王，妃劉氏，／繼宋氏；公鏴，封汧陽王，妃馬氏，繼張氏。女四：嫡延川郡主、寶雞郡主；庶澄城／郡主、石泉郡主。孫男女二十五：誠泳封鎮安王，誠滄未封，女三未封，秦王出／也；誠潫、誠潤、誠浩、誠波、誠洼，夏陽縣主、清水縣主、開遠縣主，臨潼王出也；誠／泓、誠汾、誠浍、誠激、誠漪、誠濛、誠溧，郃陽王出也；誠冽、誠沂、誠淶、誠浙，中陶縣／主，汧陽王出也。嗚呼！妃以賢淑作配王家，榮膺貴富，年躋中壽，嗣續蕃昌。／夫復何憾！爰述其槩，納諸幽壙。銘曰：／

穆穆賢妃，憲憲令德。內治嚴明，化行于國。推彼宗藩，扵焉取則。／慶衍金枝，罔不承式。彼高者蒼，錫報靡忒。／聖澤汪洋，恩可紀極。煥爛奎章，貞珉是刻。置諸幽宮，永世無渱。／

成化九年十二月初四日誌。

八、貝琳墓誌　成化十八年（1482）十月二十五日

誌蓋篆書三行：南京欽／天監副／貝公墓

南京欽天監監副貝公墓誌銘／

賜進士及第、嘉議大夫、南京吏部右侍郎、前翰林學士、國子祭酒、同修／國史、兼經筵講官／晉陵王㒜譔文。／

賜進士、正議大夫、資治尹、南京都察院左副都御史淳安胡拱辰書丹。／

賜進士、資善大夫、南京刑部尚書、前都察院副都御史、奉／敕巡撫福建河南江浦張瑄篆盖。／

貝公諱琳，字宗器，號竹谿拙叟。其始祖立本，河北人，仕江南李氏，為常州刺史，賜錦衣魚／袋。宋開寶八年，吳越王錢俶據常州，執刺史，流之定海。雖顛沛中，猶服舊賜錦衣，時人以／錦貝呼之。孫孟博，在明道中舉直言，累官浙東轉運使。繼是亦代有顯者，故之海稱世胄，／以貝氏為巨擘焉。洪武初，祖可恒謫隸戎藉，來居金陵，生二子，長永皐，公考也。公自少才／敏出倫，嘗學舉業且有成，曰：「是僅足以榮吾身也。」又去學象數於司曆何公，辭其母，從何／至北京，乃盡得其奧旨，遂被薦充天文生，例除戎籍。公喜曰：「斯可以庇吾宗矣。」正統間，從／昌平侯楊公征北虜，至獨石而捷。景泰庚午，從征雲中，深入至賀蘭山。壬申，又從征兩廣。／皆以其術占候，佐軍行有功，授欽天監漏刻博士。天順初，玄象示警，／英廟召見，便殿奏對稱旨，賜白金文綺，尋升五官靈台郎。三載，給／敕命，贈永皐如其官，母鮑氏封太孺人。成化戊子，因災異上言，其略曰：「大君者，萬民之父母；／天地者，大君之父母。天心仁愛人君，時出災異，以譴告之，人君修德以格天心，則災變為／祥，凶化為吉。高宗因雊升鼎耳，修德正事，終克嘉靖殷邦。宣王遇旱魃為虐，側身脩行，卒／能中興周室。」遂條陳弭災圖治六事，其言多有可采。庚寅，升監副。壬辰，改南監。時與弟琪／南北異處者，幾三十年矣。至是復同居，以舊居湫隘，更作新第于武定橋西。明年，第中產／嘉瓜駢頭並蒂，士大夫以為雍睦之應，作詩美之。公為人負氣敢言，人有善，稱不絕口，有／過，面折之不諱。有仕而被誣者，力為辯理，去官者館之而資其歸。其所為仗義事，皆歷歷／可數。然其心未嘗責報，不沽恩，不咎背已，此其識量抑又有過人者也。其所刊校有回回／曆、臺曆、百中經諸書行世。公自戊戌感風疾，至壬寅九月三日屬纊，凡屏居不事事者閱／五寒暑。而於弟未嘗忘歡，於子未嘗失教。

吁！亦賢矣。初娶同邑盤磵樂氏，贈孺人。繼娶金／台劉氏，封孺人。三子：
翱翔、雲翔，側室陳氏出。五女：長適南京刑部尚書江浦張公子紡，今／為應
天府學生；次適盛奎子昌；次許聘大理寺副戴君子愈；次受常春子紳聘；次尚
幼。珙／卜以卒後十月二十五日，葬江寧縣新亭鄉艾家原。遂奉刑部主事伊君
德載所為事狀，介／予同年友揚州都運歐公宗德來請銘。予素與公交，嘉珙之
能弟，而又重歐公之篤友誼也。／故不辭，為墓銘曰：／

日官居卿代天工，巫咸甘石世所宗。象占景測誰精通，寥寥千載茲惟公。
出參戎律入獻／忠，匪從授時成歲功。靈台有曆垂無躬，公名與之為始終。

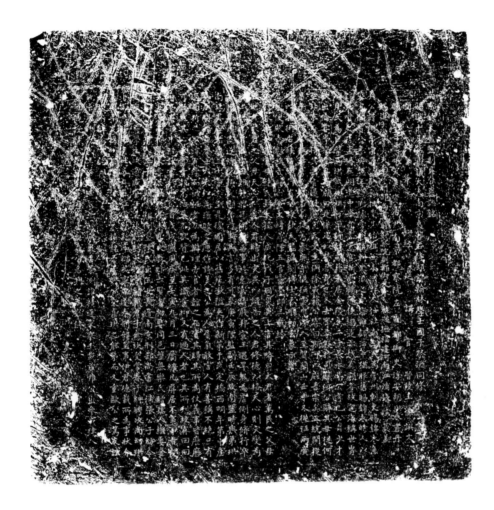

九、趙妙寧墓誌　成化二十一年（1485）十二月七日

誌蓋篆書三行：明故趙／孺人墓／誌銘

明故趙孺人墓誌銘／
賜進士出身、南京吏部主事邑人吳瑞撰文。／
賜進士出身、南京刑部主事同邑吳愈書篆。／
孺人諱妙寧，姓趙氏，世為崑人。父文貴，母蔣氏。孺人自／齠子時謹扵言而飭扵行。及歸陸氏文，舉動一不異在／父母傍。陸氏族大而蕃，而寡姑守節尤嚴毅，孺人事之，／得其懽心。姑嘗謂所親曰：「人知吾得一賢婦，吾自／以為／得一賢子也。」姑没，佐其夫治喪葬事，不失禮。初以勤儉／立家，及其終而六子皆有田可耕，有屋可居，有書可讀。／鄉人稱里婦賢德與夫教子義方，必首及孺人。又以為／惟孺人可當此稱，至他人不能無愧也。卒于成化甲辰／九月十九日，享年六十有六。子男六：曰暹、昊、景、昜、昇、杲。／昜，國子生。娶陳、周、朱、盛、朱、張氏。孫男八：溥、濟、瀾、濂、灌、潛、／洲、潮。女六。曾孫女一。葬于成化乙巳十二月初七日，墓／在全吳鄉重冬圩之原。先期，昜持予友鄉進士許惟本／狀來索銘。予惟女子之職，處乎內而無外接，近世師氏／教缺，故其善行有非世教所獎成。其德性苟非過人，欲／其不虧扵禮也鮮矣！若孺人之行，又可使之無聞扵人哉！遂銘之曰：／
吁嗟乎！孺人之賢兮。本乎天性之自然兮，尚配古人扵／百千萬年兮。
邑人唐芸刊。

明故趙孺人墓誌銘

賜進士第出身南京吏部主事同邑吳愈書文

孺人諱妙寧姓趙氏世為崑人父文貴母蔣氏孺人自

父在時謹於言而於行及歸陸氏夫一不異在之

慶母傍性慈喜事族大而觀曰人知孝敬初以事夫不失征

得一賢子世希帝佐守節九最孺人又以勤為之

立家墓果及趙子其能無慨卒于成化甲辰以為

得其懷心結夫教義為必首及孺人南書可讀倹

父□田可耕有屋可居又以

雅孺人能無慨卒于成化甲辰男六曰遲曇曇果

九月十九歲以此事年六十有六子男□遲曇曇果

□孺人年六十六歲

鄉人伟果可宣德與夫

湖湖女六曾孫女一贅成化乙巳十二月初七日墓本

為國子生娶陳周朱張女之原先期予友鄉進士許惟氏

狀不詳故其善行有非世教所能兩獎成其德性苟非過人欲

其教缺故之職廢乎內而無外接近世師氏

在全吳鄉千維女子之職廢乎內而無外接近世師氏

戒遷銘之曰

百千萬年兮

呼嗟乎孺人之賢号本乎天性之自然号配古人於

邑人魯宏刊

十、陳專貞壙誌　弘治四年（1491）十二月十二日

小姪女專貞壙誌銘 /

專貞者，吾長兄怡菴先生第二女也，□婉婉聰慧。七 / 八歲時， / 祖教以《養蒙大訓》、小學、《孝經》寺書，琅琅成誦， / 似了了其義者。年十三，遭父喪，與弟荣楷泣奠如禮。 / 祖年老，侍養惟謹。母李氏有疾，扶持克養。佐叔母中 / 饋，皆有條緒，尤不廢女功。尊卑內外，無不順適。年甫 / 十七，得病而終，當弘治辛亥五月十二日也。生在成 / 化乙未正月四日，葵在卒之年十二月十有二日甲 / 寅，祔父南一丈許，下五步乃堂山左岡。銘曰： /

生不□于歸，死欲何之。骨肉歸復扵斯，惟父墓在 / 是依。鬼神守護，陵谷弗移。 /

十一月日，叔父陳鎰崇謹誌。

十一、温厚及妻張氏合葬墓誌　弘治七年（1494）二月

明故懷遠將軍温公并淶人張氏墓誌有銘 /

賜進士出身、奉議大夫、户部郎中畢孝振文。 /

賜進士出身、中順大夫、知德安府事張澍書丹。 /

賜進士出身、文林郎、監察御史同郡張文篆蓋。 /

弘治龍飛之六年冬仲月，温萬户有母之喪，予徃弔焉。萬户衰絰執禮而泣予 / 曰：「家先世山東青州益都籍也，前代莫之考。自祖良忠勇豪邁，著名遐邇，適 / 太祖髙皇帝應天順人之初，掃蕩猩羶，混一夷夏，歸附徐丞相者，始充小旗，良生志，驍勇英特， / 出人頭地。坐作進退，不襲故陳。勤羌胡，翊 / 聖駕，出入邊關，鋪張妙筭。復廣昌，獲蔚州，圍大同，戰白溝。克復濟南、滄州、淮泗、應天 / 等處，屢建元勳。荷 / 聖朝 / 列聖継作襃功封爵，故我志祖獲陞總旗，尋遷招信校尉。又陞羽林前衛、懷遠將軍， / 調陝西都司，永昌世襲，改任河南南陽衛。志生全，孝義夙成，柰天不□，年未 / 官而卒。全即孤之祖，全生厚，厚即孤之父也。忠義勇敢，承職南陽，即掌操練事。 / 每目坐享厚禄自愧，報効幽北，督領遊擊馬營，不幸於成化庚寅孟夏月病終 / 南陽官邸。生母孟氏，相繼殞殂，遺孤在襁褓中，幸託敵母張氏撫字教誨，晨夕 / 不離。噫！孤非母安得至今日也耶！及今代襲，不能違禮度，皆母教使然。母柔順 / 貞惠，深得閨門家法，鄉閭樂道而效法之。先弘治辛亥歲， / 聖天子篤念親親，以伊 / 藩缺官，將孤承乏，調補洛陽中護衛司知指揮事。正圖共為子職，奉養餘年。柰 / 何天不我全，於今年冬十一月二十日，母亦奄忽□□。生於丁酉春孟月初二 / 日，享季七十有七。吁！生無目報，悔將奚及。今扶柩自南陽来，將合父母營葬于 / 洛。望銘石目垂不朽，萬勿辭。」辭弗果，目為人之生也，淶惠羙行，永昌厥後，□非 / 易易事也。今萬户蚤膺前烈，拔聳仕途，善政揚于 / 王庭，利澤敷于属隷。父惪母教，信不可泯。有子一，尚德其字，勝其名，即萬户也。娶 / 南陽王萬户之女，男孫二：長曰璽，嗣襲；次曰璋，尚幼。女孫一，曰大□，璽之姊，年 / 始七歲。皆出自王氏。筮今年二月日終葬事，宜有銘，以昭諸後。銘曰： /

継世之裔，閨惪之最。陰肅柔貞，陽□忠義。 / 奮勇邊關，懷忠未遂。教子底成，母儀允備。 / 宜壽百年，倏而云逝。埋玉荒田，永□斯古。 / 枯木烋凤，猿啼鶴唳。懋行懋德，彌彰彌熾。 /

弘治改元之七年龍集甲寅二月吉日，鐫字士袁鎧。

十二、王璽墓表　弘治七年（1494）十月十六日

明故中憲大夫、湖廣襄陽府知府、封通政使司右通政王公墓表 /

賜進士出身、中憲大夫、太常寺少卿、兼翰林侍讀學士、經筵講官、兼修國史長沙李東陽撰。 /

正議大夫、資治尹、工部右侍郎、掌通政使事、侍經筵官湖南謝宇篆額。 /

中憲大夫、太常寺少卿、直內閣、經筵官、預修國史玉牒永嘉姜立綱書。 /

士出身科舉為正途，仕至金紫為美官。官而以理政事者為完名，有子而封及其身者為茂典，年至耄耋而卒于正寢者 / 為考。終命具數美，天下之至難也。而況有隆名懋績足觀聽，可傳誦愈久而不朽者哉！若貞齋王公其人也。公起縣 / 學生，正統辛酉舉鄉貢，為禮經魁。乙丑，中禮部乙科，授武陟縣學訓導。誨迪有法，以所授經舉者六人，改湖廣荊門州。 / 合九載考績，擢知武陟縣。修城、建橋，立社學，行荒政，群盜屏迹，民不告徒。都御史、御史交章薦之，徵拜監察御史。風裁 / 整闐，京營牧馬地為豪家所侵，承 / 勑徃勘。事遂，直按雲南，不事苛察而姦慝聽制。再按湖廣，預流賊釋協從者若干人。遷知永平府，凡諸所興革，皆如武陟。尤 / 邇京邑，內給賦役，務紓民力。歲例出丁夫三千，燔塞草以絕南牧，部領非其人，民不勝困，奏罷之。重建夷齊廟，請于 / 朝，賜額「清節」，著歲時祭令。成化壬辰，歲大歉。都御史楊公璿見公先事有俻，謂之曰：「使他府皆然，雖支數歲可也。」特薦公 / 才識可任，風憲御史亦旌之。會邊帥匿賊事覺，公承檄按報，以詿誤受調知襄陽府。民累章乞留之，不獲。其在襄陽，治 / 狀如永平。都御史原公傑經畫流民，公受任專，功亦多著。獨自念年老，且其子傳已舉進士為主事，乃謝其事以歸。越 / 十三年，弘治庚戌，傳以右通政考最，公例得封如其官。又三年，壬子四月九日，沐浴具冠服，卒于正寢，壽七十有七矣。 / 癸丑三月十九日，塟于終南山先墓。蓋公自起科目，歷官四十年，其勳績在銓曹，跡在郡志，儀刑在鄉社。始終之際， / 歷歷可考見。其視庸流冗調群進，旅棺蓋而名滅，木未拱而人已忘之者，何其遠哉！近世，塟法必有銘表，而通政君 / 既乞吏部尚書三原王公為銘，謂宜樹石表墓，以請于予。因撮其槩，以示來者。公諱璽，字廷用，別號貞齋。其先西安咸 / 寧縣人，居盩厔者四世。曾祖諱均禮，祖諱堯中，考諱榮，累贈中憲大夫、永平知府。妣何氏，累贈恭人。配鞏氏，累封恭人。 / 三子：長伊、季伋，皆國子生；通政君，其□也，以材譽顯于時。四女：長適國子生李瓚；次適監察御史隴州閻價；次適 / 秦府鎮國將軍；次適國子生咸寧趙邦憲。九孫，

九成為郡黌生。二女孫：長適張選；次適張子汾。曾孫一。／

　　弘治七年十月既望立石。

十三、饒信忠墓誌　弘治九年（1496）正月五日

額正書：明故饒公信忠之銘

鄉貢進士中洲吳祥撰。／

後學菱溪鄒益書丹。／

邑中饒澄彥將葬厥考，預期奉狀請銘於予，且予欲赴来歲／廷試，脂轄屆期，辭弗果。按狀，公諱信忠，行信三，世居縣邑宦族。／祖世安，父愈昇，母胡氏，生公永樂壬寅九月廿一辰時。素配庭訓，／動循礼樂，罔有或違，而才德俱優，忠信無偽。邑侯聞其賢，／羊為耆老，民有爭訟，輒委公而辯之。公施剸繁治劇之才，尽斜／謬繩愆之志，如鑑之照，妍娸自生。俾枉者直而邪者正，冤者釋／而訟者平。邑侯每嘉其能，靡不擊節嘆羨。晚年恬退，二子俱幹／盡克家，公安享豐富，陶然自得，以樂其志。終正寢于弘治乙卯／十一月十一亥時，享春秋七十有四。子二人：長曰澄彥，娶鄒；次／曰显宗，娶鄭。女三人：長曰瑞玉，適南市曾表一；次玉姑，適梧桐／黃清二；幻瑩玉，適湖頭許洋卅。男孫五人：長曰禎，娶王；次祜，娶／鄧；祀、福、禄，未娶。女孫二人：曰會玉、怡玉。恩男福俚。延孫敕苟。取／次年正月初五子時，卜葬二十三都張陂山祖壟之傍。其地坐／子向午，加饒三分，水遶山環，形鍾脉聚，從吉兆也。嗚呼！公居于／世，德行可觀，動止可則，大與人殊，宜為之銘。／銘曰：

公處乾坤，俯仰無愧。恕以待人，敬以持己。／正其威儀，尊其瞻視。推公道心，名彰遐迩。／邑侯讚能，鄉民服義。勒銘貞石，萬古弗替。／

大明弘治九年歲在丙辰正月初五，孤子饒澄彥泣血立石。

十四、重慶大長公主朱淑元壙誌　弘治十二年（1499）九月二十日

重慶大長公主壙誌 /

公主諱淑元，/ 英宗睿皇帝長女也，母 / 聖慈仁壽太皇太后，生于正統丙寅十二月十七日。天順 / 辛巳九月初三日，冊封為重慶公主，下嫁駙馬都尉 / 周景。成化乙酉三月初七日，進封重慶長公主。己未九月 / 二十日薨，享年五十有四。訃聞，/ 上哀悼，輟視朝一日，遣官致祭，命有司營葬事。/ 聖慈仁壽太皇太后、/ 皇太后、/ 中宮 / 东宫在京 / 親王及公主各遣祭，皇親公侯伯文武命婦各致祭。葬 / 之日，復輟視朝一日。嗚呼！公主為國懿親，薦膺 / 恩命。勤儉孝敬之德，著聞戚畹。壽雖不遐，而休光慶澤 / 異扵等夷，可謂生崇死哀者也。子男三：忠、孝、賢，俱錦 / 衣衛指揮僉事。孫男四：傅、健、僑、伸。孫女三。先是，駙馬 / 景卒，奉 / 勅葬順天府通州樊村莊之原，預營公主壙，至是合葬 / 焉。爰述其槩，納諸幽壙，用垂不朽云。

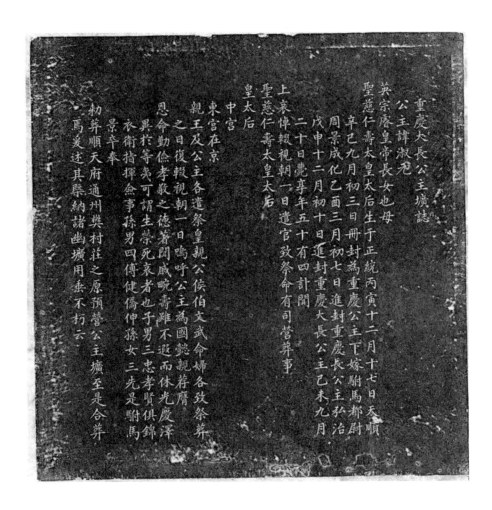

重慶大長公主壙誌

公主諱淑元

英宗睿皇帝長女也母

聖慈仁壽太皇太后生于正統丙寅十二月十七日天順

辛巳九月初三日冊封為重慶公主下嫁駙馬都尉

周景成化乙酉三月初七日進封重慶長公主弘治

戊申十一月初十日遯封重慶大長公主孫九月

二十日薨享年五十有四計間

聖慈仁壽太皇太后

皇太后

中宮

東宮在京

親王及公主各遣祭皇親公侯伯文武命婦各致祭葬

之日復報視朝一日嗚呼公主為國懿親薦屑

恩命勤儉孝敬之德著閨閫晚壽離不逾而休先慶澤

異於等歲可謂生榮死哀者也子男三忠孝賢俱錦

衣衛指揮僉事孫男四傅健儒伸孫女三先是駙馬

景辛奉

勅葬順天府通州㭍村莊之原預營公主壙至是合葬

焉爰述其槩納諸幽壙用垂不朽云

十五、何氏壙誌　正德六年（1511）十二月十六日

　　此明故宋母何氏孺人內壙也。孺人實五十／八都一啚偃溪宋君宜鼎之妻。其子一人，曰／宗魯。其孫男二人：曰道童；次曰瑤郎。其出於／人和橫州何給事仕讓之孫，順德之長女也。／生景泰壬申閏九月廿七戌時，終於正德辛／未正月十九日卯時，享春光六十。以是年十／二月十六日午時，葬於本都神崗嶺，作西山／卯向，帶庚甲三分，風水為壙。竊恐年代久遠，／山谷更变，倘有暴露之患，知礼君子見之，願／乞垂憐，為深掩藏之。冥冥之中，陰功何報焉！／賜進士、中順大夫、知浙江紹興府事、前南京刑部郎中致政，同邑劉麟撰。／正德六年辛未大歲臘月吉日，孤子宋宗魯泣血百拜立。

十六、景氏墓誌　　正德九年（1514）十二月八日

明故張夫人景氏墓誌銘／

伊府長史司左長史、中憲大夫、／賜正四品服舒城祝富撰文。／

奉政大夫、脩政尹、同知湖廣郧陽府事、兼撫治地方郏鄏張溥書丹。／

賜進士第、觀工部政洛陽路直篆蓋。／

按状，夫人姓景氏，懷慶衛指揮使、昭勇將軍景公林之女，厥母淑人蔡氏所生，行四，乃今／河南都司都指揮僉事張公世英配。初世英娶孫氏，早卒，夫人其繼室也。夫人生而端秀，／少静淑，長孝慈。扵姆教婉婉，能聽從，性克巧。績製維勤，女紅巨細靡不能。世英系出湖廣／衡山名冑，先／國朝龍飛淮甸，掃滌腥羶，時厥高祖諱靈仗劍歸徐達大將軍，扈／駕北征，累樹奇功。荐陞山西都指揮僉事，尋調河南。父諱昊，蔭襲河南衛指揮使，正統間，進如／祖秩，仍列銜河南都司。至世英，初蔭職河南衛，年尚少，器度卓越，智勇兼備。舉軍政，掌握／衛事，上下咸服其公明。至弘治丁巳冬，奉／命從都憲王公越征西虜賀蘭山，以功陞前職，掌司事。夫人克相之功居多。時姑孀在堂，內政／嚴肅，夫人執婦道，凡百遵姑命，善主中饋，侍膳問安，朝夕未嘗去左右。或有疾，湯藥必親／嘗，不敢付婢媵。治家儉勤，不事侈靡，故家道日裕。深居簡出，雖族人僕從不易見容止。心／甚慈，至蒞家政，御臧獲，凜然不可犯。今姑年九十有六，夫人事之，終始維敬，姑每賢之。世／英公性剛，方相與結髮，抵白無間言，盖處之有禮也。姑念夫人多疾，治家過勞，命世英公／擇副室馬氏相之。馬氏生女二：長適涿鹿楊廉憲壽；次在室。夫人處馬氏若姊妹，爱二女／若己出，非厚德者然耶！夫人之賢之悳不可殫紀，宜其天假遐齡，以永景福，顧乃奪之。臨／終疾革，東首加額曰：「我不能終養于姑，永訣夫，天乃遺恨也。」言畢而終，噫可痛哉！適正德／甲戌十月十八日也。夫人生扵景泰辛未，享年六十有四。子一，曰霄，每教之義方，娶洛陽／知事路公綏之女。女四：長適河南衛指揮使李府；二適嵩縣守禦正千户盧樟；三適河南／衛軍政掌印指揮同知李斗；四適永寧縣守禦百户孫寅。夫人嬰疾凡幾旬月，適世英公／執政河南都司，以軍務叢劇，弗獲往問夫人疾。每裒藥，差健步一問再問，不一問而止。及／訃音至，不勝痛悼，為位而哭。姑以下，咸哭之。擇是年十二月初八日，藏扵邙山杜村里先／塋側。請諸當道以公務便，徃襄厥事。預書請觀／工部政進士路君状，專人持過余，乞銘之以傳後。余與世英公久辱交爱中，不可辭。因撼／其行之梗槩，而為之銘，銘曰：

夫人之德貞且良，天與顯配非尋常。有姑幾百在高堂，／登堂奉養心維遑。生子自幼教義方，諸女下嫁皆貴郎。／姆儀婦道真珪璋，天胡不永奪之亡。明日先隴間北邙，／墓門銘石垂幽光。

十七、張瀾墓誌　正德十三年（1518）二月三日

明故通議大夫、江西提刑按察司按察使張公墓誌銘／
賜進士出身、中憲大夫、東昌府知府、前兵部郎中郡人侯宜正撰文。／
賜進士出身、文林郎、浙江道監察御史郡人潘倣題盖。／
賜進士出身、觀禮部政郡人劉乾亨書丹。／

正德丁丑夏五月廿七日，江西按察使張公卒，訃聞，遠近人無問識不識，咸嗟悼之。越次／年戊寅二月三日，子斗南將歸葬史家灣先壠之次。其親友宜正傷公不可死也，臨其喪／哭之既盡哀，又重惜公行，不可無傳也。於是誌其事，銘諸墓云。誌曰：公諱瀾，字道夫，世洛／陽。曾祖源，祖恕，咸業農。父琮，任烏程丞。前母胡氏，生兄溥；母王氏，生兄澄及公。公幼英發，／嘗侍諸長老，能應聲屬對，諸長老咸器識焉。成化癸卯，烏程公携徃任，遣詣學，過目輒誦，／記講文義，莫可難。甫三歲，烏程公脾病，召醫視。醫出曰：「名府已矣，然有如公昆弟賢，即亡／猶存也。」後烏程公果卒，囊無餘財。既歸葬，家益空，公日益刻勵，偕兄先後舉鄉試。弘治壬／戌，公復舉進士，其歲，少司徒張公錦卒，乞葬祭，屬公徃視工。事竣，於是子糸政潛執金幣／謝公，公力辭之。甲子，除刑部主事，公勤勵脩職業，獄多平允，大司寇重可之，凡諸曹疑牒，／輒移決焉。正德丙寅，今／上即位，以恩例贈烏程公如其官，封母太安人。三載考最，遷貟外郎。會逆瑾專政，司事與錦衣／衛多連攝，公慎秩法，尋遷郎中。是時，朝士大夫畏瑾威權，稍稍就改之。公曰：「命寔在天，安／以需理也，逆寧能避乎？」卒弗撓己已。出遷陝西僉事，分蒞臨鞏。臨鞏雜番，夷稱難治。公並／恩威，一信令。會川寇逸徽、成，城敝幾陷。公外扞群盜，內繕敗垣，終日夜弗懈，寇不為患。其／後番不協，傷其守將。公召首長，詘服之，兵亡血刃。久之，薦遷副使，備環慶。環慶古義渠邊／鄙要塞，亦稱難治。公明法禁，厲兵旅，境內大治。慶土著鹽利，豪右多格不行。公寔於法，大／招群賈，徃市□大率□不專上，常令官賈各半。於是鹽利寖廣，遠近稱便。慶北堞樓敝，公／鳩工築之，兩月完，民不告勞。甲戌，遷山東糸政，蒞事視前數任愈益堅。居歲餘，會江西缺／按察使，／廷議，非公不可，遂擇任焉。江西故好訟餚詐，公既長法令刑理，又善窮人情，決獄不宿獄。故／積滯弗鮮，經公計，無不人人當意。秋屬省試，既／覲京，吏部嘉其政為諸按察使首，尋擬巡撫寧夏都御史。比歸，中途疾作，居家三月，竟不起，／距生成化辛卯，享年四十有七。嗚呼痛哉！公為人孝友坦易，交人見肺腑，交者徃徃

各／以為親己。至臨取與，介不可移。其為政公而明，廉而能斷，諸同官皆以為莫及也。糸山／東時，兄嘗以戶部主事致仕，卒。會公轉江西使，道抵家，為兄營葬事甚備，且以次子後之。／嘗曰：「吾兄雖亡，若於兄無憾矣。」在江西，持法益甚，上下仰望風采，乃知遽已耶。嗚呼惜哉！／初，先大夫刺於邠，公方弱冠，請婚焉。先大夫雅識公，曰：「後必大成。」因妻，今封安人，寔予／姊也。子男二：長斗南；次圖南，即後兄者，先殤。姪男二：曰仁；曰九。女四：長聘按察使靈寶楊／公惟康子守；次河南衛指揮陳公愷子弘；次猗氏縣丞潘公槐年子崑；次尚幼。人或謂公／卒大顯著，然未大究則塞其享，當徵報於子也，其信然耶！銘曰：／

厥終曷躓始曷近，厥理弗定紛則糅。含和履正廉而懋，率素考祥世當宥。於塞厥享□／厥究，□懷祿祉徵厥後。維公之室，□窈而厚。銘以藏之，而康□壽。

洛陽劉雄鐫。

十八、王節墓誌　正德十三年（1518）三月二十二日

懷遠將軍、指揮同知王公墓志銘 /

賜進士、嘉議大夫、四川按察使致政、前監察御史龍渠謝朝宣譔。 /

陝西都指揮使司昭毅將軍、都指揮僉事古杞張光宇書丹并篆。 /

王氏世家興州，正統間，乃祖自燕山衛 / 欽調而來，今為西安人。公諱
節，字信甫，生而穎異，長益卓絶。入咸寧 / 邑庠讀武經兼涉書史，師事憲僉
敔湖馬先生。聆言即悟，同遊者 / 皆目為不及。弱冠，以父廕襲西安左衛指揮
同知。初領軍馬，守打 / 剌赤堡，虜知有備，畏威不犯。調海剌都，遊兵截殺，
公嘗當鋒，人皆 / 偉之。寧夏兵變，據大河，諸軍莫渡，外援不入。總兵曹公
領兵討之， / 公為裨將，于上流得商船，夜半併得賊船共數隻。明發會仇 / 鉞
軍屢戰，逆賊何錦等被擒，以捷聞。公不言功，止賞衣壹襲。後考 / 軍政，公
選領衛操，輿情協服。又以湖川流賊大肆猖獗，推公守俻 / 商洛，多方捍禦，
賊不敢入，民頼以安。再選軍政，公復領衛操，兼視 / 前衛篆。兼舉不怠，人
益賢之。公母李淑人病篤，親侍湯藥，日夜不 / 懈。及卒，哀慟瀕死，遂成胃
疾，當道者強起視事。未幾，疾革，于正德 / 戊寅正月十九日卒，壽四十有
八。公為人沉默不泄，忠孝出于天 / 性。嘗曰：「智者成名，愚者守身。吾惟
守吾身而已。」雖則自謙，亦不易 / 之名言也。據鄉進士王謹狀及所聞如此，
高祖諱頭，永樂初，以功 / 授昭信校尉、燕山左衛百户。曾祖諱斌，累功授懷
遠將軍、指揮同 / 知。祖諱玉，即前職，繼調衛来者。父諱錫，字景福，任西
安左衛指揮 / 同知，讀書尚禮，詳見大糸蕭公墓志。母即李氏，封淑人，通政
使李 / 公之孫。公配張氏，指揮啟之女，有內德，封淑人。子男三：武英，舊
名 / 謙，為武生，克繼先志，娶房氏，都指揮懷之女；世英，聘徐氏，千户治
/ 之女；文英，業儒，未聘。女一，字西安前衛指揮應襲魏雲漢。孫女二， /
尚幼。武英等詣予請銘，以是年三月二十二日，葬公于咸寧三毧 / 里祖塋之
次。銘曰：

勇不懼，政不怨。行可紀，言可傳。近五旬非夭，有 / 三子皆賢。嗚嘑！
無歉于人，不愧于天。 /

正德十三年三月二十二日，孤子武英等泣血上石。長安蕭滋刊。

欽

正三里尚之謙公同知授之性戍懍前商軍鉞公偉判皆邑調王陝賜遠
德子祖初女為之知祖昭名嘗寅及衛洛政軍為之赤曰庠而氏西進將軍指
十皆瑩武文武孫讀諱信言曰正卒蒙多公屢禪寧堡為讀来世都士嘉揮同
三賢之次等業克繼尉校也智月衰焉方選戰將夏雪不武今家指嘉議知
年嗚哔銘配繼尚禮前熙鄉名九慟舉捍領逆于兵及經興揮大川王
三呼銘詣張木先詳職山進成死息賊操上沆備有弱薦西使夫按公
月典曰于氏指見即左王者平遂人不興歸得冠涉安州司昭察墓
二歔勇請指揮大調衛王壽四賊成敢情等商河人正以毅使志
十于不銘女婿奉衛百淇守十入之不益被船諸不書史公将銘
二人惧女以一房啟氏身曾八疾民服擄軍犯莫父謀軍都政
日不政是字衛之蕭者墓公當道以母以半莫調西憲字燕指前
孤愧不平西都者有祖所守惟八賴捷渡海安會信山衛監
子于天行三安指内忠如吾八李以間得都遊甫生指察
武天可二衛揮德母吾公公淑川賊援衛馬而軍事御史
英等紀十指之封即武累身强人選流船不揮先穎長龍渠
等泣言二揮女淑李景功高而起視賊言兵政同生異曾書冊
泣血可日蔡淑李世福授祖沈軍功大數截知言益渠
上石傳襲公應雲魏聘男賢人懷諱遠則病親則未功復獵衣益卓
近五于咸漢孫徐氏安通左政衛諱康頭自忠疾湯領軍公嘗領軍悟絕
長姜蕃淄旬非寧三氏十葉政軍指樂孝草亦出于正德不領賞馬遊感
荊有延二治女蕭使指揮同功昜天德不視倚考朮之省打者寧

十九、李麒墓誌　嘉靖三年（1524）十二月十六日

明故河南衛指揮同知、懷遠將軍泗亭李公墓誌銘／

賜進士出身、兵部武選清吏司郎中、前翰林院庶吉士兩室山人吳三樂撰。／

賜進士出身、承事郎、工科給事中岷陽山人謝江書。／

賜進士出身、文林郎、知清豐縣事嵩崖山人溫如春篆。／

今世所稱介冑之士，多材藝，肆辨博，以氣力相雄長，嶢嶢務自表見，率訢訢效慕。而悃／愊謹厚者，士大夫或無論焉。豈非風漓世偷，崇華忘實，而朴不可返哉！此史遷所以／願附扵青雲而致歎扵泥塗也。嗟乎嗟乎！余扵李泗亭有感焉。泗亭者，亦重厚質行人／也。諱麒，字子仁，別號泗亭。其先直隸徐州沛縣人，曰原者，／國初王師起，累從戰伐，所向有功，授薊州衛指揮同知，封懷遠將軍。曾祖忠，宣德三年，調／河南衛。祖隆，生二子：長曰玄；次曰斗，泗亭父也。氣豪多智，以能聞諸軍吏中，諸軍吏皆／謂出其下，尊官貴人多喜其能，以故掌衛事二十有八年。自余有知，無能繼之者，至今／稱諸軍吏賢，皆曰李公云。娶扵程、沈、張三氏，俱無子。後復娶王氏，乃生泗亭。自幼即醇／篤，不任遊俠，深沉簡約，人莫有知者。又好字學，善作大書。比如邑庠，而質益馴。後襲祖／職，封懷遠將軍。時其父已老家居，泗亭不治生產，又□困，鮮成事，僅食其祿，貧弗能給，／朝夕處之裕如也。今軍吏鮮廉隅，往往剥部下，肥厥家。而泗亭雖處貧阨，顧馭部卒，慈／惠有恩，苦樂與共，人咸德之。事親孝謹，母張洓人無異其母，喪俱如禮。待諸弟曲盡友／于。娶吳氏，有男子三人：長夢孫，襲職，娶□陽同知溫秀女；次夢香，娶郭琴女；夢祥，幼。女／子一人，聘指揮僉事劉中。孫男三：長用謙；次用敬、用儉。女一。俱夢孫出。又一女，夢香出。／泗亭生正德戊辰六月十五日，卒嘉靖甲寅二月廿五日，享年僅四十七耳。以是年十／二月十六日窆葬邙山之陽。噫！泗亭沒矣，雖官以世延，其用未究。有子如夢孫，固將克／紹前聞者，矧□□傷，子狀又可據。余忝鄉士夫後，雖非能言，安可重違其請，而不使見／扵余言也哉！銘曰：

□□子泗亭，謂君爲必壽邪，何乘化而遽止。謂君爲不貴邪，亦紆金／而拖紫。謂貴而無□□□□奕奕而有子。謂不壽遂終泯邪，吾之銘已照然而若此。／

洛陽石工劉策鐫。

二十、楊耕壙記　嘉靖四年（1525）正月二日

亡兒府庠生楊耕壙記／

耕名，字命舜，耕行一。年十九而卒，於乎痛哉！自幼穎悟，異於群／兒。三四歲，訓書悉能成誦。七歲，隨大父友梅、祖母吳氏游宦清江，／詩詞歌曲一一默背，士夫僚友見者以為奇，祖父母甚鍾愛之。十／三歲，學行文，舉筆成章。十四歲，作論策，古風律絕等家咸合軌／度。嘗喜顏帖，十五歲，就而學之，雖未得其全體，下筆覺有脗合處。／十七歲，考補郡庠弟子員，時宗主胡君時振、郡守張君公瑞教授，／楊君大猷通羨人品第一流。而太宰楊思菴先生嚴重，甚難為人，／尤以偉器極口稱之。自是，志益堅，學益篤，經書子史批閱殆盡。淬／礪向學，畧無懈意。謙以持己，和以處人。質任樸素，無事邊幅，雖惡／衣服與衣狐貉者立，而不恥。且厭世俗浮屠之行，病至危甚，父母／請禱。且曰：「死生有命，況禱祀殊救患之術。」動輒欲以古人自期，嘗／題書齋壁云：「成湯之刻盤為銘，武王之丹書作戒。吾亦效此也。」又／云：「孔子生知非假習，孟軻先覺亦湏修。誠明本屬吾家事，自是今／人好外求。」其趨向之正、志量之高如此，而吾所以望於將來者何／如也！豈意遽止於斯，於乎痛哉！距生弘治乙丑三月初九日戌時，／終嘉靖癸未十二月十二日巳時。母張氏，戶部正郎白石之女。配／朱氏，文公十二世孫也。男一，鵬，今逾週歲矣。卒之年，業師楊文道／先五月而逝。及耕之卒也，師友弔者並悼二子學成而無所建立。／夫沒世無稱，君子疾之。且朝聞道，夕死可矣。耕雖早逝，得與文道／並悼於時，則志行已孚於人，亦可以瞑目。第吾見其進，未見其止，／不能不抱終天之恨也。茲卜嘉靖四年正月二日辛酉，窆於東安／上村將軍山之原，遂書此以識歲月。臨筆涕泣，不知所自云。／

父紹祖白涯抆淚識，邑人連相鑴。

亡兒府庠生楊耕壙記

耕名字命莘耕行一年十九而卒於平痛哉耕自幼穎悟異於群
兒三四歲訓書悉能成誦七歲從大父友梅祖母吳氏遊宦工
詩詞歌曲一一默背士夫偉支見者以為奇祖父母甚愛之十
三歲學行文舉筆成章十四歲學作論策古風律絕等家咸合秋
度嘗喜頷帖十五歲就而學之雖未得其全軀下筆覺有腕令矣
十七歲考補郡庠弟子員時宗主太宰胡君振郡守張君公瑞萬人
楊君大歡通義人品第一流而太宰楊思菴書之閱始盡淬
尤以偉器極口稱之自是志堅學益萬經書子史坡間當
碼向與承弧絡者立而不耻且厭世俗浮屠之行病至危難雖惡
諸禱且曰冠生有命況禱祀禳救之術勳揶欲以古人自期當
題書齋壁云成湯之刻盤為銘武王之丹書作戒吾亦效此也又
云孔子生知非假留孟軻先覺亦須修誠明本屬吾家事自是今
人好外求其趨向之正志量之高如此而吾所以望於將來者何
如也堂意邊止於斯於平痛哉母張氏治乙丑三月初九日戌時
終嘉靖癸未十二月十二日巳時母張氏戶部正郎白石之女配
先五月而逝及耕之卒也師文書者並悼二子學成而無所建立
夫迹世無稱君子疾之且朝聞道夕死可矣耕雖早逝得與文道
並能不抱於時則志行已孚於人亦可以瞑目第吾見其進未見止
上村將軍山之原遂書此以識歲月臨筆滿涕不知所自云
不能不抱終天之恨也茲卜嘉靖四年正月二日辛酉安於
末氏文公十二世孫也男一鵬今逾週歲矣平之年業師楊文道
夫迹世無稱君子疾之且朝聞道夕死可矣耕雖早逝得與文道
淡紹祖白涯校淡識
邑人連相鶴

二十一、黃氏墓誌　嘉靖六年（1527）十一月二十二日

額正書：明故江母黃氏孺人墓銘

愚姪江舘四撰并書。／

嘉靖四年九月十三日，原源江允九所配黃／氏孺人以疾而終。越三年丁亥十一月二十／二日丙申丑時，哀子王苟奉柩窆于本里北／坑，首亥趾巳，永為吉地。按孺人無后澳塘，生／於成化丙戌七月初七日，幼柔順。既歸于江，／孝奉舅姑，克全婦道，相夫教子，各盡其方。正／期享於百年，不意一疾而卒，春秋六十。生男／一人，曰王苟。生孫一，曰吳生。孫女一，曰先玉。／姑述其大槩，畧記歲月，復而銘之，銘曰：／

禀性純良，躰貌安莊。為婦為母，／閨門有光。年當六十，歸返泉綳。／癸葬吉地，後嗣荣昌。／

哀子江王苟泣血立石。

二十二、常玘及妻楊氏合葬墓誌　嘉靖七年（1528）閏十月十六日

誌蓋篆書四行：明故壽官／篤菴常公／配楊氏合／葬墓誌銘

明故壽官篤菴常公配楊氏合葬墓誌銘／

丁卯科鄉進士白渠張元相撰。／

丙子科鄉進士南野胡來聘篆。／

本邑桂林生張楠書。／

常氏世為三原通義里人，祖德敬，祖姒柴氏、王氏，父雲，母郭氏。公諱／玘，字思賢，號篤菴。早失怙恃，鵠立影從，勞形苦思，奮先人之餘，有締／造開大之志。服賈事勤儉務滋，日計月會，事惟貨殖。遂徃來蜀道間，／跋艱涉險，商販所至，輒獲利倍蓰。由是，居有廣棟，市有巨廛，田有附／郭，邑之人咸知名。公且歉然若虛，退然若愚，願恭允愨，雖小節必謹，／童子必以貌。自奉約不至固，宴祀豐不及奢。以和易交人，人多附之。／族黨之貧者，授以貨，教之生理。所得利，每推讓，未嘗取盈。或負欠，亦／不求償，猶謂之曰：「命也，試再圖之。」藉以成家者甚眾。且施財以助婚，／捨棺以濟葬。每祁寒盛暑時，煑湯粥以救饑渴。好義樂施，亹亹不倦。／正德十五年，有司以其賢，延之鄉飲。嘉靖元年，蒙優／詔，得冠帶，為壽官。年七十五，偶喪明，動履賴相者數年。至八十歲，遇異／人，投之鍼砭，兩目豁然，周視洞見。噫！以精竭氣餒神冥之年，瞽而復／療，天也！兹盖陰鷙所招云。楊氏莊重淑慎，克襄內事，凡公之行，左右／厥成。先公七年卒，子男二：長曰節，娶王氏；次曰鸞，娶馬氏。女一，適同／邑李宗益。孫男八：曰受富，布政司知印，娶崔氏；受祚，未娶，節之子也；／曰受貴，娶王氏，鸞之育也；受華，娶崔氏，節之育也；曰受康，聘王氏；受／寧，聘申氏；受福，未聘；受祉，在襁抱，鸞之子。孫女一，曾孫女一，俱未／笄。公生于正統十二年十一月十六日，卒于嘉靖六年八月初四日，／壽八十又一歲。楊氏生于景泰四年九月初八日，卒于正德十五年／十二月十四日，壽六十又七歲。卜嘉靖七年閏十月十六日合葬于／東郊新兆，徵予銘。予與公居室相對，出入相友，久矣。而節與鸞克家／克孝，且予知也。弗克辭，遂叙而銘之，銘曰：／

亨厥屯，幹厥蠱。繼之者豐，成之者豫。鞏如奠如，永終吉。／

男節、鸞泣血上石，富平趙應祥鑴。

明故壽官篤菴常公配楊氏合葬墓誌銘
丁卯科鄉進士白鼎洪元相 撰
丙子科鄉進士高野胡來聘 篆
本邑 杜 林 生張楠 書
常氏世爲三原道義里人祖德敬祖妣芊氏王氏父雲母郭氏公諱
玘字思賢號篤菴子失怙恃鶴立影從勞形苦思奮先人之餘有締
造開大之志服賈事勤儉務益日計月會是性貨殖遂往來蜀道開
致艱涉險踰販所至咏獲利倍蓰由是居有廣棟市有巨壓田有附
郭邑之人咸知名公且欿然若虛退然若恐愿恭允慾雖小節必謹
量予必以讓自奉約不至罔宴祀豈不及奢以和易交人人多附之
族黨之貧者授以貲教之生理所得利每推讓未嘗取盈或負欠亦
不求償循然之曰命也試再圖之藉以成家者甚衆且施財以助婚
拾棺以濟葬每祁寒盛暑時煮湯粥以救饑渴好義樂善亹亹不倦
正德十五年有司以其賢達之鄉飲嘉靖元年蒙優
詔得冠帶爲壽官年七十五偶疾仍動履賴相者數年至八十歲還異
人授之鍼砭而日豁然周視洞見臆以精竭氣餒神寞之年瞽而復
睹天也蓋陰隲所招云楊氏莊重淑慎克襄内事凡公之行左右
厥成先公七年卒子男二長曰節娶王氏次曰鸞娶馬氏女一適同
邑李宗益孫男八曰愛富市政司知印娶崔氏愛祚未娶節之子也
曰愛貴娶王氏節之育也愛華娶崔氏節之育也曰愛康聘王氏愛
字聘申氏愛福未聘愛祉在襁抱鸞之子也孫女一曾孫女一俱未
笄公生于正統十二年十一月十六日卒于嘉靖六年八月初四日
壽八十又一歲楊氏生于景泰四年九月初八日卒于正德十五年
十二月十四日壽六十又七歲卜嘉靖七年閏十月廿六日合葬于
東郭新兆屬予銘予與公居室相對出入相友久矣而節與鸞克家
克肖且予知也弗克辭遂叙而銘之銘曰
享厥也斡厥蠱繼之者惟氏之肯[illegible]華如其知永終吉
男 節 鸞 泣血上石 [illegible]

二十三、何丕及妻王氏合葬墓誌　嘉靖十四年（1535）八月十七日

明處士竹林何公暨配孺人王氏合葬墓誌銘／

賜進士第、中憲大夫、陝西行太僕寺少卿、／兼按察司僉事、前監察御史邑人賀賁撰。／

奉訓大夫、陝西霍州知州致仕、進階奉直大夫、協正庶尹邑人許任篆盖。／

文林郎、陝西石泉縣知縣邑人許伉書丹。／

竹林公者，邑學生何子光澤之父也。何子生未見其父，而事孀母以孝聞。至／是，母卒，將以八月十七日合葬于其父之墓，持乃叔少泉公所狀屬余為誌，／銘焉：公諱丕，字子通，竹林其別號也。高祖濬以鄉舉，歷任象、趙二州，守南康知府，所至有惠政，人皆廟祀之。曾祖鈞以進士仕至户部侍郎，祖延昌贈光／禄署丞，父繼武以蔭仕至永平府同知。母楊氏封孺人，生八子：長曰上，邑／學廩膳生；次止，早卒；次正，以貢士任儀封司訓；次即公；次旦；次直；次豆，即少／泉，邑學廩膳生；次亘。／公生於正德乙亥六月一日，隆準闊額，豐頤巨口，目露／四白，而神色瑩瑩，如芙蕖之出秋水也。少穎悟軒豁不羈，比就傅，日誦千餘／言，習二戴禮即通貫其義。為文奧衍閎深，滾滾若倒峽水，盖天賦有異才云。／學諭修齋李公、邑侯小川苟公屢試，咸器重之，謂可拾青紫，紹先烈矣。嘉靖／乙未八月，忽感劇疾，時父母官光禄寓京，以不見為恨，淚盈盈交睫而逝，年／二十有一。吁可痛哉！配孺人王氏，邑廩膳生士弘女也。完娶甫半載而公卒，／哀毀幾不存。祖母李太孺人引與同卧起，勸慰百方始安然。貞靜孝敬、勤儉／惠和之德，於女則婦道曲盡無違也。公之歿，孺人有遺孕焉。又數月，而生子，／是為光澤。保抱携持，不知有孀苦態。及光澤振幹翹秀，偉然列大夫，乃遣從／余學然。習誦屬文，頗有父風，尋選為邑學生。娶李氏，名族女，姑婦相得甚懽。／孫男三：長雲翔，娶趙氏；次雲衢、雲逵，皆俊慧，可科第望。孫女四：一適邑士趙／迪；餘幼。人謂天所以報孺人之節烈者，如左券然。孺人生於正德丁丑六月／三日，卒於萬曆壬午六月七日，盖六十有六，而寡居守志則四十八年矣。雖／屢蒙當道旌揚而覃／恩未下，惜哉！余與竹林為齠齔交，而光澤之及門也，久宜為誌而銘之。銘曰：／

竹林名閥，諸阮之賢。就卑而秀，孰奪而年。玉楼終惋，秋風□憐。孺人有淑，不／絕如縣。孤檠夜緯，伴讀晨編。否極而泰，食報於天。麟趾振振，瓜瓞綿綿。宜而／同穴，含笑九泉。

明
處士竹林何公暨配孺人王氏合葬墓誌銘

賜進士第中憲大夫山西霍州知州致仕前階奉直大夫御史大僕寺少卿

薫訓大夫山西霍州知州致仕前階奉直大夫……按察司僉事……撰

文林郎……陝西西安府……書丹

竹林何公者邑之石泉人也何氏之先……

文母公諱丕字光澤……生次武政人通仕至廟祀其別號同……以揚祖以知州仕……

馬公諱丕字光澤之父也何……以八月生子通仕至廟祀其曾祖……母司氏次……

知府丞父繼以武……次止惠以政人通仕至廟祀……曾祖同知州……叔少泉而見其……少泉公所備……

是母卒至有惠政……二月十七日……平之曾號同……仕儀封高祖……母司氏士次……直昌……贈光祿……

銘原膳生次止惠次早卒……其之父也何……祖以揚祖以知州仕……母許氏許……李闓書……蓋……

禄原學膳生士……乙亥少顁封……以重滾滾若軒……次八即子祖延……昌即上邑光康……誌至卅……

泉白邑學……神色蹙生即公……義為出貢士仕……深以重滾……岐諧不準……次……延昌即上……

學習二修德保於女祖母……小孺……母官……武成京器……直……

……學論八一叶……配毋李太配孺人……禄寓膳……生殘懸……

言諭……則毋婦持有孺曲……人其王氏同邑膳……生士……

乙未有一甲忽李祖剋藥……配孺人……光之子……百孫趙……可女……

二毀八……齋戴禮即蹙生……母李祖剋藥佚……嵗同……慶……弱幹起有……女……

哀和然灯澤保……則毋婦……太……孺人引遠也……光……殘懸若女……

惠公……是男學……天然載澤保……母抱持……有孺苦懸……光之殘……

余為……是……學習……論天翔……趙氏……次雲衡……選皆邑俊……孺李氏望孫女……

三迪男學……然……長……習誦為所以……報次人之衡雲達……可……孺人……

孫余……男學……長雲曆壬午六月七日……次人之……選皆如左……偉……

迪餘……卒……於萬曆壬午六月七日蓋六十有六……而娶……泰族……

……卒當道雄揚……而竹……蓋六十……而……昔守……則……

恩絕竹林下閣語阨余之與……竹林為翺然而……有……孺人……生於正德……

屢嘗惜哉……雄……之賢……竹林……秀而……孺人有……銘之……

同穴合窆名如縣……竹林……交……而光澤之及門也……悵然而……孺人有……求……

如泉伴讀晨編否極……秀……拳……王樽終……秋風撼……綿綿……

……含笑九泉緯……賢……而泰食報於天……佽搁……悲……蘭……

……食報於天麟……攝……孺人有銘曰不……

銘曰

二十四、輔國將軍夫人何氏壙誌　嘉靖十五年（1536）十一月九日

　　皇明潘府永年王輔國夫人何氏壙誌銘 /

　　夫人何氏者，輔國將軍勳注別號秋谷者夫人也。夫人蓋長治人，父曰何 /
澄，母曰常氏。初，夫人以名家選配秋谷，秋谷為太祖高皇帝五世孫、 / 潘簡
王玄孫、 / 康王曾孫、 / 永年榮安王孫、 / 懷僖王第三子也。秋谷受封之明年，
是為弘治壬戌，何氏封夫人矣。夫人生 / 有姿才，性敦朴，多能寡言，其父愛
之。嘗曰：「此女吾家英物也，後當光吾家。」 / 及歸秋谷，事舅姑曲盡孝養，
姑妃段氏性嚴也，而孺人事之，故事事當姑 / 妃意，懂其心。歲時薦祭，必豐
潔致誠；內外慶吊，禮意洽備。治家勤而有法， / 每有事于女紅。俾秋谷無內
顧之憂者，皆夫人之力也。於是秋谷得以優 / 游，日書史與士大夫交遊。夫人
生女一，未封而卒。秋谷四十餘無子，夫人 / 憂之曰：「豈可以我罔育，而遂
使夫竟無嗣耶！」既而勸秋谷立諸妾。無何，諸 / 妾果得子女，夫人視之無殊
己出。君子謂何夫人能盡婦道矣。居常灑掃 / 静坐，唯敬唯謹，服飾整整，罔
有簡褻。偶致疾，久弗能療。疾革也，猶力起而 / 櫛取命冠服，曰：「此國典
也，吾當冠服之。」吁！臨終而不亂，其女中之丈夫耶！ / 卒之日，人感哀之。
夫人生成化丁未十一月初三日，卒嘉靖乙未六月十 / 三日，春秋有五十矣。子
一，曰胤樣。女五，皆媵妾王氏、駢氏、朱氏出也。以嘉 / 靖丙申十一月九日，
葬城東石槽之原。 / 上皇遣官賜祭，勅有司營葬焉。銘曰： /

　　貞淑之德，金玉之良。金沉而輝，玉藏而光。厥封為吉， / 石槽之陽。銘
以明之，子孫勿忘。 /

　　賜進士第、承德郎、南京户部主事郡人李廷馨撰。 /

　　賜進士第、承德郎、北京户部主事壼邑張鐸篆。 /

　　賜進士第、文林郎、汝寧府推官郡人李廷康書。

皇明潘府永年王輔國夫人何氏壙誌銘

夫人何氏者輔國將軍勳注別號秋谷者夫人也夫人諱晨洽之父曰何
澄母曰常氏初夫人以名家選配秋谷秋谷為

太祖高皇帝五世孫
潘簡王玄孫
康王曾孫
永軍榮安王第三子也秋谷受封之明年是為弘治壬戌何氏封夫人矣夫人生

有姿才性毅朴多能寡言其父嘗曰此女吾家英物也後當光吾家
及歸秋谷由是勤於內助凡夫人事夫人事之故事當勤姑
妃以事男姑盡夫妻旁誠內外慶吊禮意洽備家勤而有決且
宮閣之內甫如也雖慶奉春姑於是秋谷得以暇
每有事於宣史與士大夫交遊夫人生女一未封而卒秋谷四十餘無子夫人
憂日我固有子以我夫人突然內顧之憂者皆未嗣而卒而夫
卒之日人咸哀之夫人視夫妾偶謂郎夫既能立諸妾人
楊取命冠服曰此國典也吾當珠已簡君遘疾疾之于臨終而
靜坐敬唯謹眼師整圖偶致郎夫人不亂其女中之夫郎
安奈得女圖典必吾謂偶婦道夫雨揚諸
卒之日夫人咸家之夫人生女一月初三日卒嘉靖乙未六月十以嘉
樹之命丙申十一月初九日葬城東石槽之原

銘曰
靖丙申十月初九日葬城東石槽五皆聘娶王
三日秦秋有五矣子一曰胤娣女五皆聘娶王
卒之日卒一曰胤娣女五皆聘娶王氏聯氏宋氏出也以嘉

上皇蓮官賜粉有司營葬焉
　貞淑之德　金玉之良
　　　　　　銘以明之
鵬賜　　石槨之陽
鵬賜　連士　　承德林德
賜進士第孫沉而志　　　南京兵部主事童邑張輝纂
賜進士第文系林德郎如寧府推官郡人李延原志
　　　　王葳而遠　　辰封惟吉

二十五、豐儉及妻呂氏劉氏合葬墓誌　嘉靖二十三年（1544）七月十二日

皇明故承德郎、順天府通判洛濱豐公合葬墓誌銘 /

賜進士出身、中憲大夫、陝西按察司副使、前南京户部員外郎同郡崧臺辛東山撰。/

賜進士第、承直郎、户部江西司主事同郡大谷溫新書。/

會武進士、安遠將軍、輕車都尉、僉河南都司事同郡白坡王昌篆。/

嘉靖壬寅正月十有三日，順天府通判洛濱豐公以疾卒于家，都指揮白坡王公昌進余曰：「京兆故鄉望也，且余同詩社者，敢以銘請，如何？」余曰：「余先大夫中憲府君嘗辱京兆愛，亦側會末。又嘗 / 諦稱京兆才行于余，余豈敢辭邪！」按狀，京兆姓豐氏，諱儉，字宜之，別號洛濱。宋樞密直學士稷之 / 後，世居明州。至華一者，元季為紹興路經歷，乃遷嵊縣。華一生宗善，宗善生達。/ 國朝永樂初，以居市富饒，僉周南驛役，遂占籍洛陽焉。高曾祖大父咸有隱德，父厚懿行醇雅，鄉稱 / 長者，俱韜光未仕。京兆幼性質穎秀，稍長，讀書勤勵，承德公即遣從洛士有名行者，授以《周易》。績 / 學既懋，為邑庠弟子員，蔚有時名。成化癸卯，舉河南鄉試，累上春官不第。弘治丁巳，以親老拜順 / 天府通判，奉法愛民亦惟謹。迎親宦邸，榮養周至，晨昏定省，尤懇懇焉。自是，名隱隱動京師，京師 / 人咸曰：「賢哉府倅也！」辛酉，三載考最，乃翁獲 / 封承德郎如其官，母白氏暨繼室吳氏俱封安人，而京兆亦進階承德郎。/ 恩寵褒嘉，殁存永耀焉矣！正德戊辰，巡按直隸御史聞厰問委勘昌平州林英地土，京兆聽斷，惟公□ / 敢私谒。户于景輩侵占民田若干頃，京兆惟明惟慎，亦如勘林英者。遂得罪逆瑾黨，奏诬陷□ / 法，淹禁四年，發充陝西固原衛軍。當是時，逆瑾熏焰熏天，縉紳喪氣，京兆獨以剛直，首犯其□□ / 真重獄，屢濱死而生者，蓋其鬼神佑賢，天理不泯，顧不昭哉！世有競附閹瑾，饕餮貴富者，聞□□ / 可愧死矣！歲甲戌，荷蒙 / 宥，田籍閒住，京兆益堅晚節，杜門謝客，恂恂如書生。又祖遺田宅盡讓諸姪豐爵豐禄輩以為産，不 / 事家人生産作業。古稱「松栢之操，老而愈固」，京兆是矣！且與洛下諸耆英静菴許公僑髙結雅社，/ 詩酒交懽，愉如也。蓋公白首優樂，于心無恧，而生平孝友，尤為洛人稱重，九泉亦自安安矣，天其 / 必有厚于後哉！文有《洛濱集》，詩有《水南遺稿》，詞有《中陽餘韻》，咸在焉。初娶呂氏，繼娶太學士晦菴 / 劉文靖恭女，俱先卒。次娶 / □王親沈氏，副張氏、李氏。生子一，曰

祈，娶洛耆伊莊潘僑女。耕讀克苦，必振家聲。女三：一配河南衛／指揮使王汝元；一配河南衛指揮舍人許堂；一配同縣縣學生邢世禎。劉氏、沈氏俱無出。男孫一，勝孫。／□一，文姐，俱幼。京兆生於天順庚辰五月二十有五日，享年八十有三歲。卜以卒之年甲辰七／月十有二日，啓二安人墓合葬焉。乃為銘，銘曰：／

洛濱之洄，邙山之隈。有墳纍纍，有栢有槐。姜桂之性，金石之才。首犯逆瑾，重罹禍災。鬼神獲佑，倏／焉天甶。歸歟洛社，詩酒徘徊。與行無改，與世罔推。抱貞履素，株守蒿萊。中心不轉，南浦有臺。晦頤／林藪，猿鳥何猜。崛強猶昔，氷蘗獨裁。天或憖遺，雲仍栽培。合妥玄堂，永無斁哉！

同邑韓龍鑴。

二十六、楊儒及妻任氏制書　　嘉靖二十四年（1545）七月二十六日

　　奉/天承運，/皇帝制曰：朕以祀成覃恩□在廷者，咸有褒錫之命。矧工作之臣，効有勞勣者乎。爾工/部都水清吏司郎中楊儒羨跡鄉闈，歷官郡邑，才猷懋著，遴擢冬曹。乃能夙夜在/公，率作興事，贊成/新廟，爾力維多。茲特進爾階奉政大夫，錫之誥命。爾尚益脩乃職，以稱任使。予亦嗣有/崇寄，欽哉！/

　　初任直隸寧國府太平縣知縣，二任直隸大名府滑縣知縣，三任陝西漢中府金州知州，四任直隸寧國府同知，五任工部營繕清吏司員外郎，六任本部都水清吏司署郎中事員外郎，七任今職。/

　　制曰：有官守者必自內助之良，而後得以專心於職。故朝廷之恩命，夫婦均焉，宜也。/爾工部都水清吏司郎中楊儒妻任氏，毓秀德門，歸於彥士。克遵陰教，以宜其家。/茲特封爲宜人，佩茲□第之榮，懋爾蘋蘩之職。/

　　大明嘉靖二十四年七月二十六日。

皇帝制□□

制曰朕以祀成覃恩凡在廷者咸有褒錫之命刻工作之臣効有勞勩者乎爾工

部都水清吏司郎中易儒㪍跡鄉闔歷官郡邑才猷懋著遂擢冬曹乃能夙夜在

公率作興事贊成

新廟爾力維多兹特進爾進宗政大夫錫之詰命爾尚益脩乃職以稱任使子亦嗣有

崇寄欽哉

制曰有官守者必貴內□□之良而後得以專心於職故朝廷之恩命夫婦均焉宜也

爾工部都水清吏司郎中楊儒妻任氏毓秀德門歸於彦士克遵陰教以宜其家

兹特封為宜人佩兹弟之榮懋爾蘋蘩之職

大明嘉靖二十四年七月二十六日

二十七、王昭及妻孫氏孫氏合葬墓誌　嘉靖二十四年（1545）九月十日

明故誥贈南京刑部郎中王公配太宜人孫氏今封太宜人孫氏合葬墓誌銘／

賜進士第、資善大夫、太子少保、工部尚書、前兵部尚書、兼都察院都御史、兩奉／勅總督山海薊州宣大偏保等處軍務郇城雙巖樊勝祖撰。／

賜進士第、嘉議大夫、巡撫保定等府地方、兼提督紫荊等關、都察院右副都御史洛陽耐菴吳瀚書并題蓋。／

嘉靖乙巳夏六月十日，封太宜人孫氏年八十有八，考終于任。仲子山東副使傅時整飭曹濮兵備，余值謝政家居，方議絮酒束芻，使／使往奠之。會其壻張淼持余同年嵩伊董公狀來徵銘曰：「公天下士也，副使固雅善公，敢以銘請。」而所致懇辭更若，讀之令人泣下，余／乃不敢以不銘辭。按狀，侯諱昭，彥明其字，本姓楊氏，其先陝西高陵人。曾祖諱從善，元末避亂南遷，因募海內義勇，乃仗劍從戎，隸戍／河南衛中所，遂籍于洛。祖諱成，隱德弗耀。父諱忠，從／高皇帝起義兵，屢隨大將征討，獻俘署地，懋建奇勳，以功授本所百戶。先因報功間誤以楊為王，即遂姓焉。侯生而犖奇明闓，精閑騎射。年／雖少，屹如老成人。履堅秉貞，識體達義；重厚之行，表扵郡閭；沉靜之器，重扵宗戚。父母相繼不祿，後乃以家系襲世胄。既長，丰采委蛇，／性行慷慨，遇盤錯則訐謨不爽，處繁劇則剖斷罔滯。服官祗慎，不茹不吐，人咸以為繩于祖武。戎政練達，庶務周密，涖事斬斬，士卒綏／服，咸頌以為有父風。當路嘉其能，乃命署政本所。品式具備，纖毫靡忒；軍務馳張，犁然得宜。而尤以正自持，未嘗以胺削為事。且周恤／孤煢，篤扵私好，視財如苴，揮金赴急，雖夜爨不給，弗顧也。成化甲辰，郡大飢，民太半亡山谿中，殍壑僵道者相枕籍。侯惻然靡寧，乃即／出粟千石，具饘糜以濟貧乏，捐田為義阡，募校士瘞暴露死者以千計。是侯一舉活洛陽數萬之民，弭河內嗷嗷之口，而省公家賑粟／萬石矣。由是，聲籍籍起儕輩間，識者莫不心筮王氏之必有後矣。自後益樂施與，嘗製藥以濟病，造棺以濟死，外內二族及鄉之親舊／持以舉火者數十家。侯醇雅有禮節，與人交敬而信，恭而度。其遇黨誼則劑釪示坦，恂恂若儒生。以故無少長，胥稱為王侯云。侯固武／胄，雅好文學，雖家務叢賾，不廢講論。諸武固弗跂然，雖耆儒亦罔不欽且楷也。侯恭儉出扵天性，始卒少壯一耳。故能芻豢蔬糲，文錦／布縕，輪奐蓬茅，器無飾銀，服無裁綺。既請老，檢書課農，灌溉花竹。或遇文人韻士，必雅歌投壺，傾倒乃已。嘗謂諸子曰：「我每歉立功

邊／陲，沒身王事，而志弗遂，天也！汝曹其識之。」先是，侯長子俊以宗嗣代侯職，年逾弱冠，即負志侃侃，思亢其宗。及壯，英聲特著，有乃祖風，／溫良樂易，固侯遺躅也。侯之活飢瘵殍，俊與有力焉。無何，中歲先侯卒，斯固造物不齊，抑亦王氏之天未定歟！後先配孫氏，洛陽大族／諱洪女，柔嘉嫻靜，內政克敦。事姑惟孝，事夫惟順，以謹睦處姒姒，均視群從，翕無間言。下逮臧獲小有過，務掩覆之，皆飲德焉。平生勤／儉出於天性，日雞鳴起，即事紡績，雖澣衣敝物不忍棄。中外宗戚睹聞風範，至相戒傚。宜人性雖節儉，至濟貧瘵死，傾橐不吝。故侯諸／義舉，宜人力贊其成，其存心制事類如此。成化乙巳十一月初二日，因寢疾遂不起。夫侯與宜人之行，舊誌各載之詳，茲其賢可槩見／已。繼娶孫氏，本衛指揮舍人寬女，即今太宜人。宜人儀質端重，德性純美，幼為父母鍾愛，及後得侯而配。比歸，舅姑弗及事，每遇春秋／祠祀，視滌視烹炙惟謹，尤閑於于儀，治具必躬。或勸屬諸媵婢，則曰：「非敬也。」事侯敬謹雍穆，壼以內無纇事，伏臘宴饗，無專無廢。扵侯得／相之道，侯亦賓遇之。育前子猶己出，俊事之亦不異己母也。宜人力能任勞，治家尤善經營拮据，籌贏縮，籍出入，銖存兩，積積且富，益／儉節如貧時，僮奴各事事無惰。侯初有田一塋，宜人躬率力，時藝麻菽瓜菓蔬菜，田無穢，地無遺利，產益拓而里第益日新。蓋侯勞／於王事，疎扵治生，故宜人之績居多。性嚴重，獨不喜緇黃，遇女尼必峻拒不少恔。且曰：「惡用是亂常弗理為哉！」已而，侯若暑痢，展轉裀／褥，日漸轉劇。宜人躬澣滌，無怠意，雖溷褻不敢托媵婢。日夜侍湯藥，目不交睫者半期月。夜則焚香籲天，祈身代。家人請少間，泣曰：「吾／固知病不能死生，藥不能生死，吾盡吾心耳。」及卒，哀毀逾制，號痛幾殞。撫二孤泣曰：「汝父以汝輩遺我，汝弗子，我即弗能母，他日何用／見汝父扵地下。汝恢汝父業，即不負汝父，且即孝承我矣。」二幼聽為謹用，克底于成。自侯之殂也，屏澤飾，卸華綺，茹澹服韋。怒不至詈，／咲不見齗，平居恂恂，聲音不出閫外。是後生業日艱，外侮趁之，則減節諸費，日以延師教子為務，至脫簪珥為筆札費。每夜績課讀，熒熒／燈火間形影相依，閭里憐之。／皇上改元壬午，副使公領鄉薦，登癸未進士，由縣尹陞戶部主事。既而，左遷蘇州府通判。尋歷陞南京刑部員外郎，中補萊州府知府，始陞／今職。次子佶亦瑰奇英發，有父兄度，克家惟肖，光復令圖。宜人誨育之功不既多哉！初，副使公始識字，宜人業口授竟，禆陟于顯。其遷／蘇州也，宜人無戚顏，及轉東萊守，亦不之喜。或問其故，宜人曰：「夫賢否者人，通塞者天。

兒郎賢，何擇乎夷險。」既而，擢憲副，諸媚戚咸賀。／宜人不受賀，僉曰：「母以子貴，何為不賀？」宜人慼曰：「貴不期驕，吾是之懼，何賀之敢受。」諸賀者矍然稱善而退。副使公性至孝，宦游南北，／必奉母與俱，及竭力以養。獨守東萊，宜人堅以老辭，不果行。至分俸歸，則曰：「我何以叨是。」必北向拜，復召佶輩誨曰：「此／君賜。」若宜人者，可謂篤識大體者矣。居嘗以清節勵副使公，故副使公剔歷中外凡二十三年，巨才洪識卓越倫輩，而氷蘗堅貞無殊寒約。／遂能輝前裕後，慶流子孫，君子謂宜人能母，副使公能子矣。嘉靖庚子，副使公以考績稱最，贈侯如其官，封母為太宜人，故王氏之天／定而活飢瘞殍之報彰矣。至是，宜人病篤，遺囑朗朗，靡爽毫髪，且戒殮葬勿用僧道，若宜人者可謂生順死安者矣。嗚呼！君侯匪賢，無／以刑家；宜人匪賢，無以昌後。君子謂侯夫婦足為媲德駢美云。侯生于宣德三年八月十五日，卒於正德四年六月十二日，享年八十／有二。先配孫氏，贈宜人，生于宣德丙午年八月二十五日，卒于成化乙巳年十一月初二日，享年六十。今封宜人孫氏生於景泰戊寅／十月初六日，卒扵嘉靖乙巳六月十日，享年八十有八。子三：長諱俊，字士奇，先孫氏宜人出也，襲蔭，娶田氏，繼昌氏；次諱傅，字宗道，即／今副使公也，娶吳氏，繼孫氏、吉氏；次諱佶，字士賢，娶李氏，繼趙氏，今孫氏宜人出也。孫男九：長曰言，襲祖職，娶運使李公女，蚤殂，乏嗣；／次曰耕，代言襲蔭，娶方伯畢公女；次曰耘，娶通判張公女，繼范文正公裔教諭昌期女；次曰耜，娶藩戚賀公女，俱俊出；次曰陽生，娶／太學士松臯許公女；次曰潞生，聘知縣李公女；次曰喜生，尚幼，俱副使公出；次曰莪，娶張氏；次曰芝，聘楊氏，俱佶出。孫女七：長適百户／吕朋；次適太僕卿張公子生員森，亦俱俊出；次適監生許佃；次適大糸龍岡陳公子生員潞；次字憲副董公子適，亦俱副使公出；次適／生員陳弼；次尚幼，亦俱佶出也。乃卜于是歲九月初十日，將啓壙與侯合葬焉。懿德性行，盖棺事定。援筆勒銘，納諸玄宮。銘曰：／

瞻彼嶽嵩，哲配篤鍾。河洛孕秀，均賦于躬。帝佑純嘏，奕世貞忠。登庸有子，丕顯厥宗。節勵羔羊，武接夔龍。光哉譜牒，赫矣褒封。聯璧／合瘞，永固喬松。億萬斯年，同此玄宮。

鐫者韓隆。

二十八、 王俊及妻田氏昌氏合葬墓誌　嘉靖二十五年（1546）十二月一日

明故昭信校尉先兄王公暨配安人田氏昌氏合葵墓誌銘／

嘉靖丙午冬十月四日，繼室先嫂昌安人以壽終，適傅守制家居，乃仲子致仕百户耕將啓先兄竁為合葵。持庠生／張淼状，跽而泣請銘於余。嗚呼痛哉！徃傅常聞先母太宜人言：「昌氏老媳婦最孝。」言猶在耳。去歲，先母沒，今嫂又亡，／吾忍為誌銘耶！然知兄嫂之德者莫若傅，而又安忍辭耶！傅乃抆淚謹拜，誌曰：先兄户侯諱俊，字士竒，其先本楊姓，／陝西髙陵人。髙祖諱從善，元末從戎河南衛中所，遂籍于洛。曾祖諱成，隱德弗耀。祖諱忠，從／髙皇帝起義兵，屢隨大將征討，以功陞授本所百户。先因報功間，誤以楊為王，遂姓王氏。父昭，蔭前職，以傅官贈南京刑部郎／中。積德累善，遺有休澤。母孫氏，繼母亦孫氏，贈太宜人，俱有令德。兄生而穎朗不群，比長，稍厭世禄鮮禮。雖日／閑騎射，習兵畧，雅好文學，工于詩，善書法。先考見其成立，遂觧職屬之。性豪邁暢達，動循禮則。故事，先大父馴行孝／謹，不徒供具、旨饍、綺穀、衣着之類。每日歸，即謁侍，或道其日之公私事務，或講日記故事。每數語，必稱呼父而後出。／父子相視，晤語盡懽，然後退。父不悦，不得寢。或中夜必立門，候起居，以為常。遭母喪，惟依古儒禮制，無與俗同。三年／哀戚甚，悼思不置。迄今子孫遵教，亦如之。其事繼母亦孝敬曲至，鄉人聞而賢之。常記先太宜人訓傅曰：「汝兄之事／汝父者如此。」此則傅所記憶而不忘者也。且為人恢廓倜儻，善談議，發聲如鍾，故其居官諳于政。初，領士宣戍，即能／與士卒同甘苦，恤饑寒而不事胺削。監司聞其賢，選為軍政兼視操事。則明於事有大智，刻于廉，絲髮弗擾，軍士莫／不感激。由是名聲籍甚，聞乎郡國，雖兒童婦女咸知有王士竒户侯云。故當時聞人如方伯畢公宗仁、太僕卿張公／道顥、都運李公孟遠輩率常就會，車馬皆集其門。兄微飲，常蓄名醞。延客至，則觴咏盡日不倦，雅歌投壺，得超曠清／逸之趨，遂咸與諸公結姻親。年未始衰，即觧綬替于子，言不役役于世，此亦可以觀明達矣。盖其喜交遊，不恡施予。／成化甲辰歲，祲民大飢，殍尸遺骨相枕籍于道。兄愴然，即勸相先大夫出粟，具饘糜以濟餓莩。率校士掘塹，瘞暴露／死者以千計，深為當時郡守何公義重之。兄天性孝友仁睦，內治嚴，以清白詩禮致家聲。可謂君子疾沒世，而名不／稱者，亦大過人矣。乃偶疾不起，聞者無不傷

悼。詎生于正統己巳十月十五日，卒于弘治戊午二月二十九日，享年／五十歲。惜哉！吁嗟痛哉！初配安人嫂田氏，洛陽右族、知縣田公貞第二女。性聰慧，善女紅，幼識字，通曉孝經大義，為／父母鍾愛。及長，適先兄，幽閑貞靜，動由內訓，户閾不出，肅有壼儀。事舅姑恪執婦道，能恭順其夫。知兄好延客，專主／中饋，親執烹飪必腆，甚稱吉意。至親睦族黨，卑幼恤下，內外宜之。蓋女中之聰明賢達者，允兹良相哉！乃弘治己酉／正月十八日以疾卒，兄悼念不已，詎生于正統丁卯七月十八日，享年四十三歲。先兄沒十年，俱詳在畢方伯誌中。／繼娶安人嫂昌氏，亦洛產巨族，乃同衛指揮昌公弟本之第三女。性質慤善持家，幼為父母鍾愛。及歸，雖不通書字，／內訓勤儉率直，默合事宜。先是，兄臨沒遺囑曰：「有身而不能事父及送親老，終天之憾，其奈何，汝等代為之，勿忘。」嗣／家道漸替，嫂即竭力叙理庄舍，督農力田時藝。躬紡績，親炊爨，常至夜分。以故周旋奉養翁姑，甘旨不至窘竭。昔傅／自垂齠時，亦深被服食之供，得淬勵于學，至今感德。始昌未歸，副嫂楊已在室，宗黨莫不危其不相下。至則愛如姊／妹，至俱白首不聞有忤言，人皆賢之，古稱不嫉，近之矣！虞妯娌相和睦，待前子言較長耕，甫八歲，撫育倍至，不異己／出，而言、耕亦忘其為繼母也。續舅姑相繼而沒，皆垂白執喪，哭泣相殯送襄事，可謂克成夫志矣。安人性最勤儉，沒／之前三四日，猶力作幹家事，鞠勞子女洗瀚之類，雖至耄不倦。乃不意痰火偶發，二日而逝。嗚呼！詎生于天順甲申／七月十六日，卒于嘉靖丙午十月四日，享年八十有三，後兄四十九年而沒。先兄有弟二人：即傅，雖微有立，然知讀／書而叨進取者，皆兄教所倡始；次佶，亦克成立。子男四：言，襲祖蔭，蚤卒，娶李氏，即前都運公之女；次即耕，蔭兄職，／今致仕，儒雅重于縉紳，可謂善承其志業矣，娶畢氏，即前方伯公之女，田所出也；次耘，娶張通判女，繼娶范文正公／後教諭昌期女，繼崔氏；次耜，娶藩戚賀公宗女，昌所出也。女二：長適百户吕朋，亦田出；次適前太僕卿于森，亦昌出。／孫男七：曰應春，娶劉氏，耕出也；曰愛，娶陳氏；曰采，娶辛氏；曰爰，尚幼，耘出也；曰孚，娶李氏；曰舜，娶范氏；曰爵，尚幼，耜／出也。應春、愛、孚、舜，俱庠生。孫女五：長適僉事李公子性，亦耕出也；次適縣丞李公孫自成；次適庠生顧行男曰元；次／適張民男方，亦耘出也；次尚幼，未字，亦耜出也。曾孫男五：長閏，襲祖蔭，娶大糸許公孫女；次問、闓，俱有應春出也；次位，／愛出也；次場孫，孚出也。俱幼，未聘。曾孫女五：長適庠生李煥然；次適副使魏尚純，亦應春

出也；餘俱幼，未字。文事武／俻，子孫繩繩，相繼而將大其門，皆佩服先兄耕讀之訓者也。善慶所鍾，報不于其身，于其後人，其在斯乎！卜以是年／十二月初一日，合葬於邙山之故兆。於戲！懿德彙萃，夫婦協吉。高朗令終，無忝所生，可垂不泯。傅薄劣，銓次弗詳，不／足以表幽隧，敢曰過情，于是泣為之銘曰：／

偉哉吾兄，世冑不群。佩服詩禮，多識前聞。砥礪名檢，懋著時勳。於昭貞忠，既瘁既勤。錫祉來裔，乃武乃文。內子閫儀，／合德並殷。雙璧聯藏，千載其芬。鬱鬱蔭祥，有崇斯墳。／

賜進士第、中憲大夫、山東按察司副使哀弟傅撰。／

壻淼書篆，／袁江刻。

二十九、永康大長公主壙誌 　嘉靖二十六年（1547）四月二十八日

永康大長公主壙誌 /

公主，/ 憲宗純皇帝第二女也，母 / 靖順惠妃郭氏。公主生扵成化戊戌六月初十日，弘治癸丑五月十一日，冊封 / 為永康長公主，下嫁駙馬都尉崔元。正德丙寅，進封為永康大長公主。辛巳，/ 今上登極，歲加祿米一百石。嘉靖改元，元以迎 / 鑾恩，進封京山侯。且其端雅謹飭，老成持重，深為 / 皇上所眷注，時加召問。特隆寵遇，實有超邁乎等夷焉。丁未二月初六日，公主以 / 疾薨，享年七十。訃聞，/ 上悼惜，輟視朝一日，遣官致祭，命有司營葬事。/ 中宮、/ 皇太子、/ 裕王、/ 景王、/ 德清大長公主、/ 涇簡王妃各遣祭，皇親公侯伯文武官命婦各致祭焉。以是年四月二十八日，/ 奉 / 勅葬于順天府大興縣下馬社榨子口之原。葬之日，/ 上復輟朝一日。子男二：長鳳徵，早卒；次驥徵。女二：長適安昌伯錢維圻，亦卒；次 / 尚幼。嗚呼！公主為 / 國懿親，早受崇封，安享富貴，而孝慈勤儉之德出扵天性。且執婦道無忝 / 冊訓之詞，有光戚里。累朝恩眷，有隆無替，/ 皇上存問錫賚，尤為篤厚，壽躋古稀。薨之日，累厪 / 聖諭，卹典有加，可謂完德而獲完福，生榮死哀也矣！爰述其槩，納諸幽壙，用垂不 / 朽云。

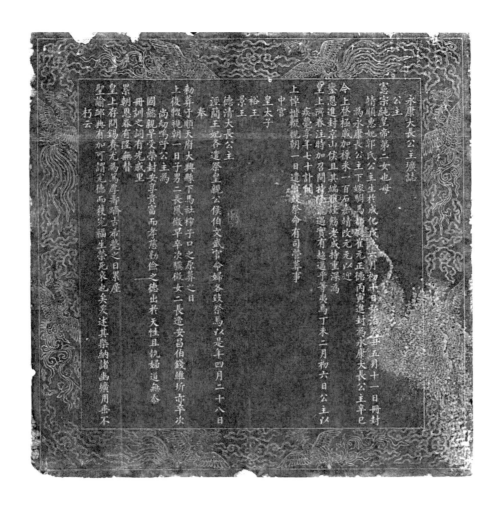

永康大長公主壙誌

憲宗純皇帝第二女也母
靖順惠妃邵氏公主生於成化戊
為永康長公主下嫁駙馬崔元正德丙寅進封為永康大長公主崔元巳
今上登極加祿米一百石無靖改元而逝
臺恩進封崇山侯且其端慤謹老成持重深為
上所眷注時加召問恩禮之渥遇平寺哀為丁未二月初六日公主以
疾亮寿年七十有一訃聞
上悼惜輟視朝一日遣官諭祭命有司營葬事
中宮
皇太子
祐王
景王
德清大長公主
涇簡王妃各遣祭皇親公侯伯文武官命婦各致賻焉以是年四月二十八日
本縣仁壽下馬祉柘子口之原葬之日
上後微飄朝一日為男二長鳳微早卒次驪微女二長逵安昌伯錢維圻奇次
尚幼嗚呼公主為
國懿親早文慕封安享富而孝慈勤儉之德出於天性且飭婦道無乖
冊訓之詞有光戚里
皇上存問錫養尤厚高壽考古希崇之日崇庭
聖齡邦典有加可謂完福生崇死哀也爰次述其氣納諸幽壙用垂不
朽云

勅葬寸順天府大興縣下馬祉柘子口之原葬之日

三十、李氏墓誌　嘉靖二十六年（1547）四月二十八日

明張室孺人李氏志銘／

嘉靖丁未歲三月二十九日，國學生張緯妻李孺人卒。其翁秦都知事張／子可田與其父北野李子相慟餘，槩述其狀以銘。孺人者，余荊妻陳安人／所生，生時余方游庠，居家約甚，乳哺提携，母自為之。稍長，即知勤儉。凡針／工製巧不少籍於人。余既第，官懷慶，轉司馬部，相携以徃。祿簡，艱於豐育，／菜根淡泊，殘衣补綴，忻然領受。一粒一縷，弗輕費焉。暨長，適夫家，益勵儉／勤，躬饔飧，戒衣履，不少違時。有必先致翁姑，翁姑咸豫，宗無嗔言。家務雖／繁，家口雖夥，裕然自處，未嘗少有競尤。族眷至乏者，咸致敬禮。給使男女，／亦不有詈聲怨留。庭闈內外，罔弗德之者。平生不甘嗜味，不慕貨財，不事／浮華，不厲色疾言以及人，古謂幽閑貞靜，勤儉孝慈，根於天性者如此。生／子二：長鳳習；次鳳喈。皆勉受學。鳳習聘壽良楊郡史竹村女，鳳喈聘邑人／劉監生伯遠女，俱未及婚。姑張孺人逝，躬營葬務，不避勞辛。事襄服闋，浸／覺疾弱，移則臥枕。六閱月始未，藥餌竟無一取効者，得非命耶！病覺沉痾，／廼顧余與其母曰：「我生未報，反貽二業種以累親，我忍舍耶！」又顧其祖母／與其庶母及其叔嬸弟妹曰：「爾毋我容覷，將使我舍其誰耶？」又顧其夫其／子，逮其翁姑與家衆，吞聲垂淚，不忍出言。復執其母之手，昏而復蘇者再，／良久乃卒。嗚呼！慟耶！使人何已於情耶！距生年正德己巳正月二十九日，／壽僅三十有九。慟哉！慟哉！將于是年四月二十八日葬於祖塋之次，余不／忍，廼和淚以為銘：／

天漠漠兮，有聲弗聞。地茫茫兮，有植弗均。人擾擾兮，何以贖其身。一德貞／純兮，誰與爾倫。一腔不死兮，誰與爾伸。為致茲於九泉兮，言韜其真。／

賜進士第、奉政大夫、四川按察司僉事哀父李際元和淚草撰，／哀子鳳習、鳳喈泣血勒石。

明張室孺人李氏志銘

嘉靖丁未歲三月二十九日國學生張緯妻李孺人卒其翁秦都知事張
子可田與其父北野李子相慟餘駭述其狀以銘孺人者余荊妻陳安人
所生時余方游庠居家約甚乳甫提攜母自為之稍長即知勤儉凡針
工製巧不少籍於人余晚弟懷慶輯司馬部相攜以往祿簡艱於豐育
萊根淡泊矣衣補綻忻然領父□一縷弗輕費為壁一長道夫家益勵儉
勤昕夕麋燧衣復不少道時有必先致翁姑翁姑咸豫宋無真言家務雖
菜□雖照裕然自處未嘗少有競尤族眷至已者咸致敬禮給使男女
亦不有嘗譽恩留庭闈內外同弗德之者平生不甘嗜味不慕貨財不事
浮華不屬色之疾言以及人古謂幽閒員靜勤儉孝慈根於天性者知此生
子二長鳳習以遂女嬭皆勉受學鳳習聘良楊郡史竹村女鳳嗜聘邑人
劉監生伯遂女俱未婚姑張孺人逝弱營葬務不避勞卒事秉服閫人
迴顧余與其庶母及其叔嬭耳嬭曰爾母我容覿將使我舍其誰耶又謂其祖母
與其庶母及家豦谷箏盞淚不忍出言復軷其母之手吞而復蘇者每病疊沉洏
子建其翁姑張孺人何已於情耶距生年正德己巳正月二十九日
壽僅三十有九慟哉慟將于是年四月二十八日葬於祖塋之次余不
忍迴和淚以為銘

天漠漠兮有瞽弗聞地茫茫兮有植弗均人搜搜兮何以贖其身一德貞
純兮誰與爾倫一腔不死兮誰與爾伸為致兹于九泉兮言齗其其其
賜進士第奉政大夫四川按察司僉事裔父李綮元和淚草撰

哀子鳳習鳳嗜泣血勒石

三十一、陳時宜墓誌　嘉靖二十六年（1547）九月六日

誌蓋篆書四行：昭儒官／南峯陳／公時宜／墓誌銘

昭儒官南峯陳公時宜墓誌銘／

河中侍愛生瓢菴范潮撰拜書篆。／

公姓陳氏，字時宜，別號南峯。余甞與南峯朝夕相愛，始終如一。偶搆一疾，／卒扵正寢。南峯公令器堯謨持諸闇君景濂状請言扵余曰：「南峯有潛德，／請以表揚，以垂不朽。」余固辭弗獲已。南峯其先山西芮城人，因避亂，居扵／靈寶縣南陽村，占籍宋村里焉。公高祖諱□，曾祖諱安，祖諱寬，父諱策。策／娶張氏，繼楊氏，生五子：長學，張出；次尚德、次義、次武、次智，楊出。女二：一適／呂文才，張出；一適庠生許儼，楊出。南峯蚤習舉業，因家大事絆，應／詔為儒官，娶闇氏，繼李氏，生四子：長堯謨，娶張氏；次皋謨，先卒，闇出；次三謨，／娶衛氏；次典謨，尚幼。女三：一適王錫印；二幼，李出。孫男四：永康、永莊、永興、／永庫，堯謨出。孫女二，俱幼，一堯謨出，一三謨出。南峯正大寬平，剛毅端嚴，／言則以古人為法，動則以古人自期。公考蚤卒，事母孺人克盡孝道，每扵／事母順親，喜怒動合母心，不敢忘敬。教子惟守規度。天性好施，人有稱貸／扵公者。至嘉靖七年歲宼，人遭困苦，公不以錢穀近百為歉，悉焚其券，人／以義名焉。有董姓者饑餓幾死，公供食救活，感戴而去。遊僧子能路過，餓／不能行，公供飲食，救濟得生，感德而歸。鄉人族人有爭訟者，紛紜不定，決／斷于公，公審度其理，剖析分明，各皆心服，以寢其事。人謂公心地光明，服／人以德焉。先縣尹李公，公與有隙。李公子窘迫，還輚南陽，以禮幣告其顛／末，公悟之，不計前復後，憫其艱苦，以粟豆遂足其負，其人感慨而去。誠公／渾乎大極，純乎天理，處人接物，惟以義比。配孺人闇氏，孝事舅姑，處和妯／娌，薦祀豊潔，井臼精緻，母儀規範，族隣取法。相夫教子，克盡婦道。先卒，葬／祖塋之東北，栢樹新塋之次。南峯距生弘治庚戌十二月初八日，卒扵嘉／靖丁未十一月十七日，壽五十八。孺人距生弘治庚戌十一月十一日，卒／於正德丁丑十二月初五日，壽年四十。孺人乘葬吉兆，未敢啓壙，卜今年／九月初六日，葬南峯扵祖塋之北女郎山下。余謹按状，哀悼增傷，敬敷所／言。欲以刻石，納諸于壙，誌于永久，故以銘之。銘曰：／

嗟哉南峯，桃林之英。士類翹楚，人中臥龍。奇矣孺人，內助賢明。女中

君子，／坤德鍾靈。卜兆南山，秦脉之龍。鐫石永久，弗埋其名。

　鐵筆劉相、／賀卿。

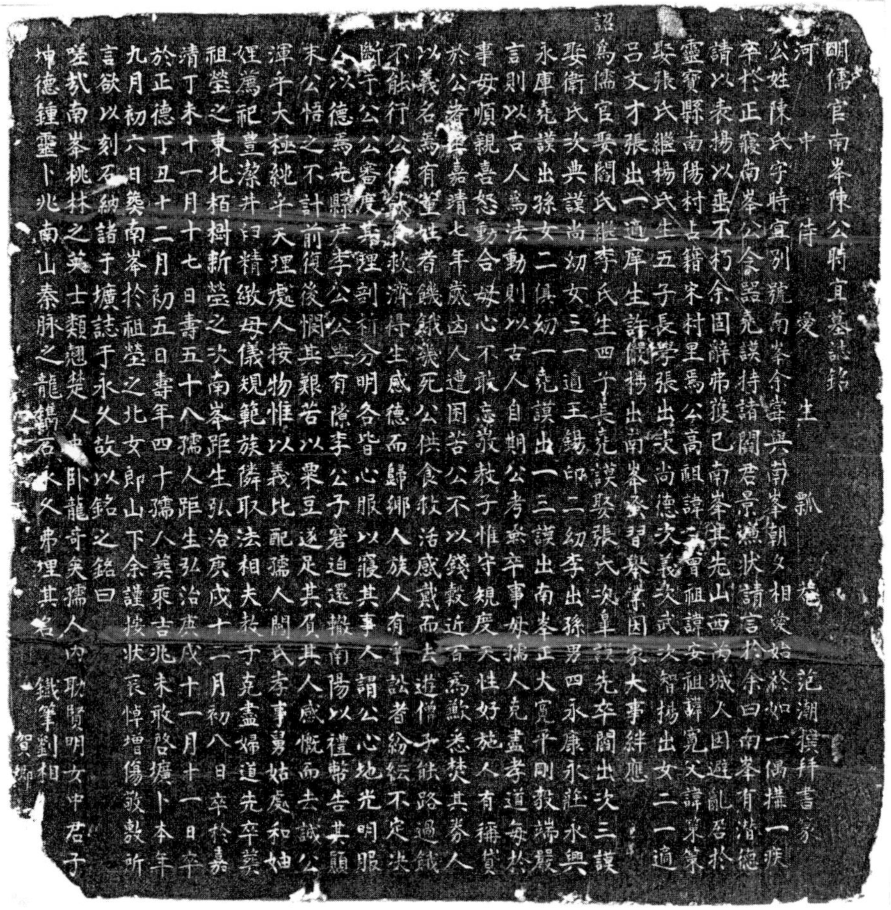

三十二、王演及妻夏氏合葬墓誌　嘉靖二十八年（1549）五月十五日

明故虜士王公配夏氏合葬墓志銘／

公諱演，字大習，嘉靖己酉三月二十一日以疾卒於正寢。公配夏氏先公三十八年而卒，葬於／栢後村之原，其子棟等將以是年五月十五日合夏之柩而窆焉。欲圖所以不朽者，厥孫庠生／宗舜持狀問銘於愚。愚以公之德言道行世所欽服，今已矣，誠不可不誌也，謹按狀而為之辭。／公之先，浙江龍游人，四世祖諱保官，／國初以軍功授潞州衛旗總，遂家焉。祖諱原，父諱永。母劉氏生三子：長即公；仲洪；季潔。公童時氣／象雄偉，言動如成人，見者奇之，父母甚鍾愛焉。方弱冠，父卒，公哀痛幾絕，治喪悉循古禮。時家／事寖微，仲、潔俱幼，人皆憂之。公特然自奮，業商賈以致巨富，為潞之名族，二弟賴以成立。後二／弟早卒，遺孤悉托於公，公皆訓迪成人。夏撫摩諸姪，不啻己出。人皆兩賢之。公性剛直，人有過，／輒以義面責之，無少回互。人始雖不堪，而久則悅服。是以族黨有事，皆取平於公，至則剖析是／非，畧無偏僻，人情甚協。潞衛經歷西安童公翱罹疾將危，請公至而托之曰：「予妻亡於先，予亦／不能復起，一子養正又不在側，飄流数千里之外。而遭此不幸，誰可圖以後事者。知公素以信／義重，必不相負。茲積俸五十金，身後之事，其將以此治之乎。」公遂諾其請。及童卒，凡百喪具，公／出己財以虜之，且周悉盡禮。後養正至，悉返其金。養正分其半以謝，公却之曰：「扶危濟難，吾心／所不能自已者，吾求盡吾心耳，豈為利而然哉！」當時大異其事，咸謂有古義士風。公慷慨有大／節，虜事大率皆如此。嘗曰：「律身以一禮字，應事以一義字，則可以質天人而不愧也。」居暇則讀／書，涉畧經史，務得大意。嘗訓子孫曰：「古人謂讀書大有益，吾深信其言，爾曹豈可自陷於愚昧／乎！」是以諸子諸孫多循循知禮，宗舜有聲場屋，何莫非公教家之善也歟！公成化辛卯十月十／四日生，享壽七十有九。夏生於成化庚寅二月三十，卒於正德壬申四月二十六，享壽四十有／三。繼閆氏，繼李氏。子四人：長相，卒，娶張氏；次棟，娶毛氏；次桓，娶劉氏；次朴，娶劉氏。女二：一適秦洪；／一適郡庠生曹天澤。俱夏出也。孫男七：曰烈，娶崔，繼孫；曰勳，娶李；曰宗堯，娶李，繼張；曰宗武，未／娶，相子也；曰宗舜，娶張，棟子也；曰宗禹，娶李；曰宗孔，娶劉，桓子也。孫女十：一適郭浩；一適／沁源王府輔國將軍，／誥封夫人；一適方伯楊公孫承宣；一聘儀賓崔珹子汝材；餘幼。曾孫七，俱幼。

銘曰：

維彼王公，山河之／精。卓然氣節，為世所驚。飽仁仗義，德高望宏。遺金不愛，千載流聲。賢哉夏耦，勤儉天成。雖殂中／道，胤嗣無窮。雙璧連合於佳城，白雲常幕乎蒼穹。／

鄉進士郡人松岩郭邦驥撰。／

太學生郡人潤庵宋璧篆。／

郡庠生西峪武學顏書。

三十三、王氏墓誌　嘉靖二十九年（1550）二月二十五日

明故姑王氏墓誌銘 /

姑姓王氏，世居真定府靈壽縣北七十里叉頭鎮虞士 / 山之女，生員王敔之妹，而堂弟、堂姪、堂孫皆科貢名儒者 / 也。本士夫之家，濡詩礼之化，温良而慈惠，明三從而備四 / 德，族人罔不賢之。及長，適本縣在城杜侯恭為妻，恭字敬 / 之，侯鑑之子也，祖居西関起跡。是時，家門適貧，姑與之同 / 心勠力，務農績紡，夙夜惟勤，□積甚厚。事翁姑以孝聞，待 / 兄弟親戚莫不得其懽心。且贍濟貧乏，周睦鄰里，所施好 / 善，賢名聞于遠近。誠哉！女中之卓逸者也。耆艾之際，遭目 / 疾失明。至嘉靖二十九年正月十七，以疾告終焉。生二子： / 長曰崇明，娶王氏，知礼而克家者也。次曰崇儒，娶楊氏，讀 / 書而有望者也。生一女，曰侯氏，適里人薛國臣，賢淑而克 / 似者也。姑生于弘治庚戌冬，卒于嘉靖庚戌之春，享年 / 六十一歲。擇二月二十五日，輿柩于城西北一里許祖塋葬 / 焉。余備数貢士，乃姑之姪男也。因姑夫之請而特為之誌， / 且為之銘曰：

賢哉姑姑，產于天精。既温且惠， / 復愨而明。孝順父母，善事姑翁。昆弟親戚， / 罔不欽崇。克勤克儉，家業聿具。克慈克□， / 男女皆□。賢哉姑姑，女中俊英。

大明嘉靖二十九年歲次庚戌二月吉日，靈壽縣貢士王汝礪謹撰。

三十四、韓鐸及妻楊氏王氏合葬墓誌　嘉靖二十九年（1550）九月六日

明故先君韓長公先母楊氏王氏合葬墓志銘／

洛陽嵩少山人李天成題盖并書。／

先君字鐸，諱振之，耕于平樂之川，川居郡城東偏，因號東川，里中人遂咸稱東川翁。先世永寧人，高祖得／春，永樂間冒同邑崔氏，軍隸河南衛，因又為河南衛人。得春生曾祖斌，斌生祖文。文娶王祖母，成化辛卯／九月五日生我先君，後再生叔鉉。值成化末，郡大饑，死者過半。先君時年方十四餘，會家中替無宿積，乃／日經營以養二親，歲雖歉而其吉不匱，舉家賴以僅存。里之長老咸知歎其少而克家，已知韓氏之將大矣。／後幹蠱愈力，業稍稍振，遂以舊産讓伯祖宣，乃更置廬而居。戊申，戍宣府，以書箒見知邊帥，命監收邊草。／諸商人易先君少，以金誘，希虐會數，先君不顧而唾。後同事者皆以賕敗，而先君獨無恙。帥奇之，歎曰：「世／不可謂無人，行伍中亦有如韓少年者。」引置幕下，與參謀議事。亦巧，中會叔鉉以罪安置塞外，衣食俱困，／幾不生。先君聞之急難，昧死罪，騖邊城以援之。同戍卒覺其事，帥憐其情，不之問。初娶先楊母，同衛青女，／母張氏。七年而歿，遺二姊。弘治壬戌，繼娶我先王母，洛陽人，父幹，母趙氏，德越常女。逮事大父母，大父母／悅之。撫二姊如己出，長嫁沈堂，次嫁楊孔修。正德甲子，生孤，甫四歲，丁卯，生弟，彌月而夭。忽遘疾，閏正月／一日亟，噬孤指，謂祖母曰：「韓氏之不絕如綫者，賴有此子耳。夫戍舅老，姑又耄，婦果不生也。善保此兒，以／付吾夫。」言訖而卒，時孤署記影響，亦未知其言之悲也。享年二十有一而已。是年，王祖母亦卒。先君雖未／嘗多學問，然天性醇厚，居喪多暗與禮合。癸酉，娶繼母江氏，亦同衛人。壬午冬，祖文卒，先君自戍來奔喪。／哀毀形，呼天哭曰：「抱恨抱恨，為之奈何！」時邊多警，軍務頗煩，祖歿而族人日亡去。先君獨立不仆，勉孤就／學，曰：「兒如卒業，何憂乎中衰。」為營師友之資，艱苦俻嘗。孤奉訓懍懍，弗敢墮。乙酉，始入郡庠為生員。族人／稍復，先君方免戍就商。往來宣大，與郡人李堂同貨十餘年，崇信義，毫釐不爽。戊子，郡又饑，有貸者，先君／輒與之，盡散其貲。堂聞而大憤恚曰：「事去矣，豈有無年而散貲者乎！」先君曰：「吾將以活衆也。即衆亾，吾安／能獨存，以常有此財耶！」來歲大稔，負者悉償其貸，而德其義，以故吾家始裕。後堂父子相繼客死，先君以／其原貲三百金返其幼子，幼子初不知其有是也。洛人翕然稱歎，方之不昧遺金者云。先是，同商戍卒舟／行，恐失期

犯軍法，盡以其販付先君。先君視如己物，全而歸之。卒感先君，以金謝，先君曰：「始受君之托，而／終利君之金，豈有可以貨取韓某哉！」甲午，孤叨舉河南鄉試。嗚呼！豈孤之能，實先君教誨之勞，供給之艱／耳。使非先君，孤何以有今日耶！丙申，先君復北商，登大河之舟，舟子艤櫓將渙，岸上有呼之言者。先君下，／未幾對，而舟覆。相顧失色曰：「豈天假汝呼我乎！不然，何以獨免。吾老，知利非所以藏身也。」遂罷行，買平樂／之田，結廬親農以居。每歲冬初，約里社捐金，建橋洛上，以通徒輿。郡不病涉，歲以為常，而官橋遂廢。沿洛／上下，皆知效義建者甚眾。雖人同此理，然前此何少，後此何多，作率之力屬先君乎！其不屬之先君乎！先／君性鯁介，平生不事欺詐，故所在人樂與。晚年尤好施濟，不能婚葬來貸者，即折其券與之。然孤亦不敢／悉舉，故郡中無大小遠近，咸知東川翁云。為孤娶曹氏，卒，繼娶王氏。生二子：長生員鍾嶽，娶朱氏，陝西按／察司副使用女；仲生員鍾宿，聘杜氏，監生仁女。孫女一人，適新安生員張稽，衡陽訓導惻子。先君年七十／有九，乃四月十五日卒。卒之前十二日，孤方自陝西與鍾嶽娶朱氏婦歸。纔七日，父忽疾，疾四日，遂不趄。／後七日，鍾嶽亦疾，疾亦卒。嗚呼傷哉！祖孫連喪，若有待而然乎，天何禍之慘也！是年九月六日，遷先楊母、／王母之棺，與先君合葬于平樂川之新兆，孫附其下，去洛陽北十五里。嗚呼！茲實紀也。孤恐浮于實，以誣／先君，重為先君恥。故不敢托之名公，乃抆淚志之，而復銘曰：

　　繁我基業，先君拓之。繁我文德，先君開之。匪／拓曷興，匪開曷垂。啓我韓氏，世服其貽。二母繼歸，年嗇德滋。生我育我，不墜不緇。後嗣其京，本源于斯。平／樂之原，馬鬣爰居。千秋百紀，徵我銘辭。／

　　不肖孤維翰泣血稽顙謹著，石工劉策鐫。

三十五、栗氏墓誌　嘉靖三十年（1551）三月八日

明陳室人栗氏墓誌銘 /

室人栗姓，郡望族，壽官堅第四女，母孫氏，引禮陳君鏜配也。生而端莊貞靜，寡言笑，精女紅。/ 內則允閑，為父母鍾愛。擇配，乃以歸陳，克修婦道。舅亡，事姑吳，以色養，晨昏躬候起居，無惰 / 容。凡有鮮食，未奉不敢嘗。相夫以正，比老無反目。一日，客扵汴，忽感疾疫。聞之，晝夜彷徨，虔 / 誠祈禱，求以身代，後果獲愈。祀先禮賓，躬執爨事，務致豐潔。處妯娌以和，教二子以嚴，待婢 / 僕以恩。遇有貧乏者，則周之。性喜朴素，終身不服華麗。尤好勤慎整潔，雖一器之微，必自經 / 安置，恐致傷墮。綜理內務，井井有條。卒之家道充饒，為時巨擘，內助之功居多。當病篤，夫若 / 子痛為流涕，顧謂曰：「丈夫家之所賴以為主者，願乞自重，無以妄傷生。」且執二子而永訣曰：/「勤儉，立身之本；驕侈，喪德之階。家之廢興由之，汝輩其知所慎，而保爵禄扵永終，吾目瞑矣。」/ 言訖而逝，詎生弘治辛亥七月二十七日，卒嘉靖庚戌十二月初一日，享壽六十。子二：長曰 / 桓，尚 / 平遙王府望江縣君；次曰柱，尚 / 清源王府恒安縣主。俱籍 / 宗人府為儀賓。女二：長適永平府照磨李霓男鍾英；次配 / 吳江府輔國將軍胤椠，封夫人。孫男一，世芳，聘儀賓王龍次女。孫女二，俱幼，桓出。卜以明年 / 辛亥三月初八日，塟扵郡東南五馬村之原，蓋新兆也。先是，鏜遺二孤持余姪庠生慶餘狀 / 乞銘。夫室人之賢，無媿扵婦道母儀，見重鄉評久矣，且秉彝好德善善之恒情。余故按狀而 / 銘，用垂不朽，以範閫壼云。銘曰：/

嗟彼室人，維貞維淑。正位乎內，以雍以肅。夫兮致富，子兮食禄。內助功成，宜享遐福。噫！數不 / 可逃，胡遽淪亡。鍾慶扵後，流祉莫央。永妥厥靈，東山之陽。高風昭揭，彌遠彌彰。/

賜進士第、知直隸丹陽縣事郡人李庭桂撰并書篆，三原王廷宝勒。

明陳室人梁氏墓誌銘

室人梁姓郡望族壽官堅第四女母孫氏引禮陳君鏗配也生而端莊貞靜寡言笑精女紅

內則名聞爲父母鍾愛擇配乃以婦陳克修婦道男亡事姑眞以色養度疾困之晝夜傍徨無悰

容凡有鮮食未敢嘗相夫以正比老無疾目一日容於汙忽感疫疾困之晝夜傍徨德愛

誠祈求以身代後果復愈祀先禋賓躬執豆事務致豐饗虔畑俚以和救二子以嚴行絆

慎以固邊有貴乏者則同之性喜朴素終身不服華麗尤好勤慎整飭雞一器之微必自經

安置恐致傷墮綜理內務井井有條卒之家道克貽爲時巨擘內助之功君多疊病寫夫后

子痼爲流涕顧謂曰犬矢大家之所頹以爲主者顧乙自重無以妾傷祿於求終吾目瞑矣

勤儉立身之本躬後德之背家之廐興由之汮單其知所慎而保嚴祿於求終吾目瞑矣

言訖而逝距法弘治辛卯九月二十七日卒嘉靖庚戌十二月初一日享壽六十有二長曰

桓尙

平遠王府堅江縣君次曰柱尙

清源王府恒安縣主俱籍

宗人府爲儀賓女二長適永平府照磨奉宪男一世芳聘儀賓王龍次女孫女二幼俱担出卜以明年

吳江府輔國將軍嵐桌封夫人孫男一世芳聘儀賓王龍次女孫女二幼俱担出卜以明年

辛亥三月初八日葬於郡東南五馬村之原蓋薪兆也先是鏗遺二孤持余廷庠生慶蕃狀

乞銘夫室人之賢無媿於婦道母儀見重鄉評久矣且秉彝好德善善之情惝余故挨狀而

銘用靈不朽以範閨壼云銘曰

嗟彼室人維身雍淑正位乎內以雝以肅夫爲致富于夕食祿內助功成宜享遐福嘻歟歎不

可逃胡遽溘亡鍾慶於後流祉簀央求厥靈宋山之陽尚風昭揭潤遠彌彰

賜進士第知直隸丹陽縣事郡人李庭桂撰幷書篆

二原王連玉勒

三十六、李朝卿墓誌　嘉靖三十三年（1554）五月二十一日

明故潘府典膳李君東泉墓誌銘／

月梧何子昔按冀南時，知典膳李君之賢。既而罷政歸農，李君乃謁予於楊州之私邸，蓋始知李君久／商於楊者也。越三年，李君外弟趙繼先自潞安來，謂君已物故矣，持其從弟太學生朝珮狀來請銘。予／惟李君能不忘予於舊，其可忘君於死？遂誌而銘之。按狀，君諱朝卿，字漢臣，別號東泉。高祖諱公玉，／曾祖諱鸞，祖諱琦，俱隱德弗仕。父諱景暘，母王氏，生君於潞之角原。君少無童心，長就外傅，即勤於書，／見長上有禮。比壯，體貌魁梧，外麗中理，善謀畫。父母以家政委之，遂妨於學。君曰：「不有從弟可以終儒／業乎！」由是輸粟，授／潘府典膳所典膳。殖豐美田產，多買奴僕，□辟灌奔，無間風雨寒暑，身自臨視之。故其下人效功能，生／息倍於昔。乃搆堂宇，立廟寢，參準古禮。修喪葬嫁娶、燕會問遺之儀。事父母能備色養，堂室几杖必適／所欲。卒哀毀，殯葬皆如禮。事諸叔曰景昭曰景時曰景旺，如事父。外人見之，不知為誰之子也。處朝珮／尤友愛，今偕未分析。舅氏王魁老貧無依，君委曲贍之。且出本金，使其子治生，以供朝夕。處外兄王氏／曰賢曰賓，并外弟趙氏曰得友曰繼先者，體戚相同無間爾。我鄉鄰婚喪不足者，有貸必應。度不能償，／則併券予之。鬥訟者，必力為之解。角原堡城舊無門櫓，君自為之，不以言於官。群行率類是，故長治人／稱角原為仁里。郡中賢豪及隱淪諸君子聞君義，爭來內交。君常挾貲商江淮之間，與秦晉燕徽之人／交，各得其所欲，不見其有爭也，而家益日饒。當歲癸丑，邁疾弗起，家人勸藥。君曰：「予命在天，醫其如命／何？」進朝珮及其子繼芳，勉以孝友大義，且曰：「惟勤惟儉，毋墜先聲。」遂終正寢，距生正德四年七月二十／三日，卒為嘉靖三十二年正月二十三日，享年四十五歲。娶路氏，生二子，長即繼芳，選配／潘府沁水王滑縣縣主，授宗人府儀賓，封亞中大夫。二女，長適奉祠崔汝修。次子聯芳、次女雙姐，俱君／既沒之二月，一乳產也。將以次年五月二十一日，葬君於城西北石子河北岸大段地之原，從先兆也。／嗚呼！君豐於財，力於義，不暱生，不戚死，其亦善人也耶！銘曰：

商者名也，而儒起行。晦者迹也，而顯其功。／生也或吝，子也令終。載休貞珉，藏於無窮。／

賜進士第、中憲大夫、前山西按察司副使、奉／勅兵備潞安府等處地方、前翰林院庶吉士月梧何城識。／

賜進士第、奉議大夫、同知直隸河間府事穀泉宿椿書。／
賜進士第、奉議大夫、同知直隸蘇州府事潞南李敏德篆。

三十七、鄭時墓誌　嘉靖三十四年（1555）六月二十一日

明故內官監太監鄭公墓誌銘 /

賜進士出身、文林郎、江西道監察御史天長唐臣撰。 /

賜進士出身、戶部福建清吏司署員外郎事、中書舍人保定阮高書。 /

賜會武第、明威將軍、錦衣衛指揮僉事、前充整頓 / 鹵簿、兼防護屬車使山陽杜承宗篆。 /

公諱時，字信臣，別號靜菴。祖籍真定府晉州之巨族，先考萬，母高氏，繼 / 母蘇氏撫育成才。於正德庚午冬，選入 / 內庭司禮監王公敏名下。見公穎異過人，入書館肄業，有儒者風。乙亥冬， / 奏撥司禮監精微科書記，迨今 / 上龍飛，嘉靖丁亥秋八月，除長隨。癸巳春正月， / 乾清宮近侍御司房供事。未幾，進奉御。甲午秋，陞巾帽局右副使。歷歲己亥，轉內官監太監。仲秋， / 賜飛魚服。庚子，斗牛。壬寅，蟒服數襲。癸卯丁未間，不次賚賞白金、表裏至重且再。戊申秋，荷蒙 / 簡命針工局署事。己酉甲寅歲，非特表裏、白金之賜，而其 / 寵遇之隆，亦不可一二類記。公自蚤年忠謹敬慎，歷任四十餘載，無纖毫過。 / 舉可謂君子之全仁，中貴之英傑者也。嘉靖乙卯五月二十九日，公卒，距 / 其生弘治己未七月十一日酉時，得壽五十有七。嗚呼！公可謂德有餘而 / 壽不足，可勝惜哉！有兄曰銳，弟曰忠，姪曰允、曰添壽，任錦衣百戶。曰禹、曰 / 祿、曰仁、曰義、曰元、曰禮。卜於六月二十一日，扶柩葬公都城西釣魚臺義 / 會之側。添壽等持狀請予銘，乃為之銘曰： /

於維靜菴，燁燁厥聲。於維靜菴，兢兢厥行。乃司 / 御翰，文書用清。乃侍 / 乾清，敬慎而勤。見知 / 當今，寵遇愈隆。自古在昔，寺人孟子。寺人孟子，公其寔似。公其寔似，公死不死。

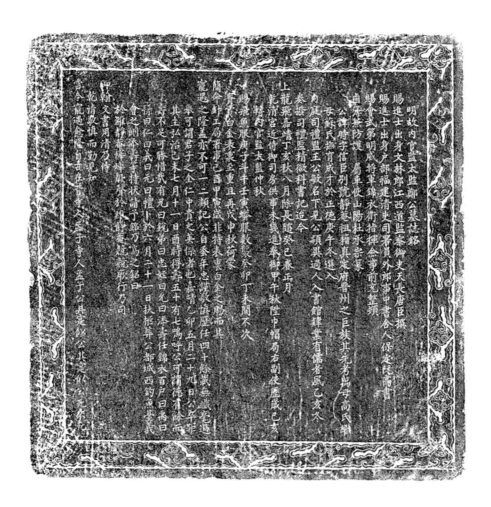

三十八、潘照墓誌　嘉靖三十四年（1555）十月二十四日

盒蓋外面正書：憲文先生

盒底外面正書：大明嘉靖叄拾四年十月子清立

盒蓋內面正書：

公生於萬年縣北隅人氏，葵于景德鎮五里□之所。盖謂天地之中，有／行之間，莫先為孝也，夫孝者，生則事之以礼，死則葵之以礼，乃人生之大經／也。今則卜其宅兆，安厝於丘陵，以安其神灵也。神魄而安，則生者受之以／福，而享富貴綿遠，千載不泯。是故而書之為記也。讚曰：／

嗟哉公德，素位處常。為人耿介，治事忠良。／撫育長幼，兒女成行。記之於壙，萬世弗忘。／

明故潘公照堂號憲文處士之墓。／

嘉靖叄拾四歲次乙卯冬十月二十四日良旦時立，泣血子潘泰、春、秦、奉。

盒底內面正書：

故父生于乙巳年十月十三日未時，／殁於乙巳年七月十八日亥時。今／葵于乙卯年十月廿四日卯時。／其山作壬山丙向，亥龍到穴。

墓誌為青花瓷盒形制。

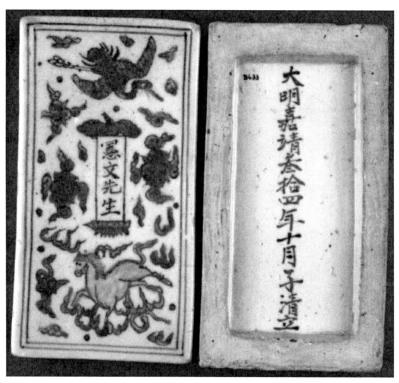

大明嘉靖叁拾四年十月子清立

愚文先生

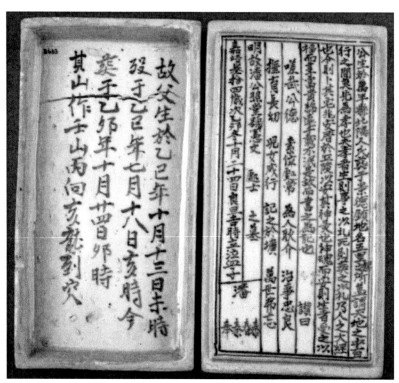

故父生於乙巳年十月十三日未時
歿于乙巳年七月十六日亥時今
葬于乙卯年十月廿四日卯時
其山作壬山丙向亥龍到穴

公生於嘉靖拾年……

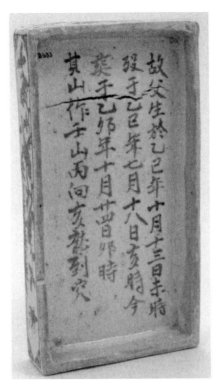

三十九、郝景聰及妻宋氏合葬墓誌　嘉靖三十八年（1559）九月十七日

……宋氏合葬墓誌銘 /

邑庠門下生閻三聘撰文。 /

邑庠門下生程登洲書丹。 /

□□□□□□廿有六日，文林郎、知河南開封府延津縣事郝君繼先母宋孺 / 人□□□□於家，厥考耆宿翁喪已十年矣。先纍然凶服，哀痛罔晝夜，口嚅 嚅不 / 能言。既而，力疾強起，曰：「茲吾父母大事應在我，我曷能支。」乃 口述其二親生平、 / 善行、世系、生卒之詳，進愚而命之銘，盖將為合葬舉也。 愚承教門下，義弗容辭。 / 按狀，郝翁諱景聰，字守愚，遠祖山右，宗代無所 紀述。永樂間，奉我 / 成祖文皇帝聖旨，遷補真定府趙州隆平縣户籍，故今世 為隆平人，自祖拳始也。拳 / 生二子，長簡次選。簡生鳳起、鳳友、文，文邑 庠廩膳生，未仕。文生雄，慷慨有大節， / 鄉邦重之，呼為郝老而不名。娶趙 氏，而生翁等五子，次景明、景賢、景睿、景智，而 / 翁居首。翁天性純厚， 罷格溫雅。仁孝以事親，而二親俱高壽；恩愛以友弟，而四 / 室無間言。平居 恂恂，未嘗有疾言怒色，接物渾是一團和氣。配孺人，邑名公 / 進之女也。有 淑德，與翁以德業相善，而喜耕讀，尤以教子為重。雖處中人之產， / 於几隆 師傅、置書籍，為子孫計者，雖厚費亦無難色。是故一子郝君以偉罷成， / 性 □□開，詩書富蓄；黌宮養秀，超然獨異；烏臺屢試，挺矣居先；四入賢科， 遂登 / 冑監。應宿而擢宰郎，善養兼於禄養。翁與孺人之德之教，噫！足徵矣！ 一女，適邑 / 人太學生馬宗儒，父後母前而卒。先娶李氏，邑耆公樂之女，生 子四：長衣，娶許 / 氏，力農業；次裳，娶閻氏；次紳，連婚蘇氏。俱勉力問 學，刻苦燈窗，有大志可望。次 / 珮，尚幼。女二，俱連姻名門。翁與孺人之 德之教，噫！足徵矣！翁從姪不下十餘人， / 而秀出者尤眾。曰繼宗景賢，出 由太學生授河南新安縣儒學司訓；曰繼芳景 / 睿，出補邑庠生。噫！何莫而非， 翁與孺人之德之教也哉！翁生於成化壬寅正月 / 初九日，卒於嘉靖己酉八月 十四日，壽六十有八，葬於縣北十二里祖塋父墓 / 之側。孺人生於成化癸卯七 月初九日，至是而卒，壽七十有七。是年九月十有 / 七日，與翁迺合葬焉。所 謂存吾順事，沒吾寧也，翁與孺人斯得之矣。愚不佞，謹 / 百拜而為之銘。 / 銘曰： /

人生七十古來稀，翁與孺人七十餘年。 / 人生有子萬事足，翁與孺人子孫 其蕃。 / 年而彌光，蕃而且賢。 / 刻此堅珉，萬世永傳。

郝氏合葬墓誌銘

迪庠門下生閭三聘撰文
邑庠門下生程登洲書丹
邑庠門下生郝君繼春母宋孺

按狀善行於世而力疲殘瘁曾著宿翁喪己十年矣先母之銘起梁山右文縣戸籍故今世未仕文生維雍戒有大節生於成化壬寅正月景芳有子四矣一女入郝君以儒遂邑名之公室……

（銘曰）
百七之初雰出孺九日而卒生於嘉靖己酉八月十四日至是而卒壽七十有二年九月……
刻年人生七十餘萬事足翁與孺人子孫其蕃賢俾

銘曰
古來稀翁與孺人壽萬世永傳

四十、黃喜内壙誌　嘉靖四十一年（1562）二月三十日

嘉禾沛國郡朱母黃氏内壙誌 /

孺人姓黃氏，諱喜，邑九都處士黃河 / 瀾之長女也，適邑東隅中和坊將仕 / 郎朱君本賢之妻也。孺人刼有淑質， / 端靜慈惠。生子男四：長曰相；次曰 / 福； / 三曰椿；四曰樋。皆黃氏出也。曰奈，側 / 室羅氏之所生也。女二：長 / 曰嬌英，適 / 邑三十四都西溪黃銘；刼曰鑾英，適 / 邑三十九都橋溪揭潮。男 / 孫二：曰焞； / 曰烜。女孫二：曰錦繡；曰益繡。孺人生 / 於弘治癸亥年十二 / 月十七日申時， / 卒於嘉靖壬戌年春二月十五日卯時。 / 以卒之月三十日甲 / 申，塟于本縣 / 一都聖帝坑。其山卯山西向，兼辛巳。 /

皇明嘉靖四十一年二月三十之吉， / 孝男朱相、福、椿、樋、奈泣血立。

四十一、王陽生墓誌　　嘉靖四十三年（1564）十二月二十九日

明故鄉進士禹濱王先生墓誌銘 /
賜進士第、原任禮科都給事中郡人岷陽山人謝江撰。 /
賜進士第、中憲大夫、知山東東昌府事郡人古田方時學書。 /
賜進士第、中憲大夫、知池州府事、前刑部郎中郡人文川呂孔良篆。 /
嗚呼！世之弗壽者多形消德謗，而家積惡者焉。乃今王先生胡弗壽，且無疾而蹙亡，且繼婚甫月餘，/ 而一子方四歲，誠可傷也哉！江之妻與先生繼婚者兄弟也，則其情豈不倍傷哉！緣是戚故，任誌銘 / 託，而狀成於春元陳君璐，乃先生姊丈也。據狀，先生高祖諱從善，從善生忠，於天順間以功授河南 / 衛中所百戶。忠生昭，昭生俊、傅、佶，而傅則先生父也。先生之父承祖宗積德而才藻冠河洛中。嘉靖 / 壬午式，連中癸未進士第，筮仕陽城尹。廉恪平恕，人至今感頌德。歷官三十年，始陟山東憲副，乃厭 / 世情而告歸里，茅堂幾楹，瘠田幾區而已。但闔門著書，訓其子，人咸嘆服之。初娶吳氏，卒，繼娶孫氏，/ 於嘉靖丙戌十一月二十一日生先生於陽城，因名為陽生。再娶吉氏，生潞生。方氏、張氏生萊生、洛 / 生，兄弟共四人。先生骨眉嶷秀，如鶴聳松昂，而玉立焉。自幼不嬉戲，常端坐，列僮成隊，乃學將領裝 / 號令，識者知為非凡器。九歲喪母，而哀思若老成人。就師學，數月即知問難。少長，攻舉業，而下筆滾 / 滾如懸河，且含芬咀華，麗而理。隨父憲副公宦遊，多接四方英俊士，以故才識人罕及。及癸卯，娶靈寶 / 許文簡公女於京。戊申，攜歸洛，就翁學。憲試優，拔補庠廩。明年己酉春，許氏卒，既葬，赴省，遂登薦。繼 / 娶散官吳公女。屢試南宮，屢不第。歸，集同儕脩文辭，期得進士科。暇則吟詩，宗盛唐體，而古文宗漢 / 魏。居家以孝聞，憲副公或不樂，百方解勸，悅則已。每逢令節，招族黨子壻而懽觴焉。暑時，輿公行廚 / 讌林垌，且質經義，久不厭。甚友愛三幼弟，偕廬講讀至宵分，嚴督程，期成就，而二弟皆充郡庠員。丙 / 辰，公嬰疾不語，先生籲天扣地，願不生，乃尋愈。辛酉，吳氏生子，先生始子矣。壬戌秋，公疾復作，先生 / 躬湯藥，朝昏不釋衣，仍籲天扣地，願不生，公竟弗得起。先生哭絕者數次，出囊貲，棺斂極豐厚。形毀，/ 杖而起。乃泣曰：「我母生我暨二姊一妹，先早逝，我不及養。今方冀進取，養我父，詎意父又棄我矣。我 / 何生為哉！」言畢，僕地，氣欲絕。癸亥夏，吳氏卒。先生時丁艱，又喪偶，又遺孤，無依人，誰堪此情。乃撫孤，/ 習慈母事二載

餘，凡祭獻皆躬辦，固自安處云。今歲甲子春，服闋。秋九月，復往婚文簡公弟青城公／女，僅月餘，聞妹訃，痛哭，將馳歸。夜感惡夢，覺語許氏曰：「此行恐不返矣。」許氏苦留不獲，遂馳歸。然其／妹適董生，居嵩邑新店里。先生奔弔，入門大哭，即伏棺昏憒，久不起。人扶坐，兩目瞪視，猶頓足張口，／隨灌藥不効，喉有聲漸沉重，卒於妹殯，所向之夢果兆，是歲十一月三日也。悲哉！悲哉！嗚呼！古有一／哭而死者，蓋痛剥肺腑，則心神沮喪，而精氣觧脱也。今先生如此矣，緣抱恨之心方切於父母，而又／激於幼妹，真過痛傷生哉！則平日孝友之情，可見其篤至矣。訃至洛，無有不垂涕者，人咸曰：「先生豊／頤廣顱而非削形，腆淳簡重而非謭德。祖父積善，靡有惡行，俱無致夭者。今先生胡此哉！」茫茫天道，／孰測識是。無乃龍劍螭珠，天下至寶也。而主人失焉，將不信宿而索者乎。雖然先生有子矣，天報善／門，殆不於其躳而於其胤也。幸繼配許氏賢，雖年幼，善鞠育，則又足徵天道矣，先生其妥靈於地／下乎。計生之日至亡之年，享齡三十九。潞生兄弟將以是年十二月二十九日啓許氏吴氏壙，而配／葬於邙陽墟。乃銘曰：

珠丹琦瑰，天既貺只。靈豔英光，胡驟向只。凰頳璧缺，人逆望只。龐裔鉅支，玄有／諒只。

石工劉策鐫。

四十二、章啓隆墓誌　嘉靖四十四年（1565）二月十七日

額正書二行：明故／章爰竹翁墓誌銘

賜進士第、文林郎、前南京監察御史、福建／布政司叅議邑人毅所黃希憲撰。／

邑南咸溪章翁諱啓隆，行紀三，別號爰竹，予戚属也。今年正月廿四日酉／時卒，厥孤执状丐予，叙而銘之。翁生於弘治己未五月廿八日亥時，曾大／父文，大父盛，父竹庄翁，母左氏。世以詩礼相髙，家習澄皭，遐迩声右之。翁／為人矹欽，恢光前烈，居家睦族，必先孝友。處事接人，済用戅直。凢族里人／有不令事，藉其釋者十六。家用永不甚豐，惟済以勤儉。會賓客飲，又和煦／疊疊不忍離。其生平大率如此。卒日，召諸郎昆弟面前進酒，端坐而逝，怡／態無所繫累，盖可謂得正而斃者。計春秋六十有七。配清江嚴氏淑賢，生／男四：孟仙，行仁二；仲仁，行仁三，娶饒氏，生孫二，曰夢雷、曰新慶；季仕，行仁／五；纫佳，行仁九，夆影飄然，有成立志。女二：長鳳真，適南市王恪四；次慕貞，／適西溪左辛八。盖皆著姓。嗚呼！翁行可録，而子女又皆繁昌，雖死亦諒自／瞑矣。惜也逕老山林，未獲張守令之優礼之，是則可慟也。筮卒年二月十七／巳時，塟本都地名菴山之陽，首亥趾巳，兼天干三分，鍾灵所也。予不佞，惟／即其状書之，以誌其墓云。銘曰：

唯公之生，世躋淳古。惟公之德，／澆漓莫伍。行安義命，鄉之翹楚。我銘賁之，留芳下土。／

嘉靖乙丑年辛卯月吉旦，孤子章仙、仁、仕、佳泣血立。

四十三、史典及妻張氏合葬墓誌　嘉靖四十四年（1565）二月二十五日

明故祖考史翁配祖妣張氏合塋墓誌銘／

祖諱典，字天常，號古槐，世為澤城中和坊，族居扵東門隅。其先高祖春，妣陳氏。曾祖隆，德量／超衆，荷／恩壽官，娶祖妣王氏，以弘治二十二年十一月二十九日生祖典。典祖幼受甘淡，創業倍前，素／悃愊無華。而力事商賈，端愨是尚，而孝友睦隣。嘉靖乙巳，秋旱，高郵張州主以禮勸出粟以／賑民，而祖即欣然從之。街右一空地，而祖鳩工以建廟，歲月香火不替。由是，自奉甚儉，而家／道頗裕。凡里隣有薪水不舉者，必捐財以濟之。雖取貸，有終身不償者，必舉券以焚之。其遠／邇咸稱我祖恩實之家，蓋如斯而已矣。若夫援引浮辭，雖以顯祖，實以過情，則吾豈敢哉！祖／配妣張氏，德性溫潔，幽居閑靜，祖之立業而賴其內相助者居多，子輩冠裳而藉其家教者尤／篤。惜乎與祖未能偕老，先卒我祖十四年矣。繼祖母朱氏尚健，無出。張祖母生予父三人，長／曰孝，即吾父。省祭聽選官，遠涉江湖而久客異鄉，尤恢祖業。配吾母郝氏，壽官印之女，卒，繼／母王氏，側室胡氏。次曰道，儀賓，配宣寧府奉國將軍順陽女，誥封長城鄉君。次曰麒，儀／賓，配隰川府輔國將軍清巖女，誥封兩當縣君，卒，繼任氏，側室王氏。姑一，適郡人趙鏜。／孫男七人。予行一，即一元。幼叨祖教，幸入庠學，郝母出也。配王氏，儀賓琨之女，卒，繼陳氏，側／室□氏。次一亨，布政司掾，配郜氏，河南府府判尚賢女。次一利，庠學生員，配郎氏，北京太／僕寺丞大倫女。次一貞，配陳氏，生員大本女。次一鸞、一鵬，尚幼。皆道、誥封長城鄉君出也。／次一本，吾父孝室胡氏出也。孫女三人：長吾妹，適處士趙樋男嵩，都察院醫官；次道女，適陝／西兵備副使鍾錫嫡孫材俊，庠學生員。次麒女，適廣西河池州知州郜尚賢男益三，儒士。曾／孫女一人，未字，元出也。嗚呼！我祖勤勞刻苦，當享眉壽。忽扵嘉靖四十三年四月二十九日／遘疾，卒扵正寢，享年七十有九。卜扵嘉靖四十四年二月二十五日，扶祖柩開祖妣張氏壙，／扵城東謝家庄先塋之側而合塋焉。元雖不敢自譽我祖之行，但按其生平之為歷，序其始／末，銘刻扵石，以永後世之傳。故為之銘曰：／

嗟哀我祖兮，幼歷辛苦。既壯勤儉兮，家道益補。教子義方兮，曰耕曰賈。訓孫讀書兮，切望步／武。一終無憾兮，心寬天府。卜兆祖原兮，萬年福土。／

　　嘉靖乙丑四十四年二月吉，郡庠晚生鄰齋王家相書丹，不孝孫史一元揮淚沐手謹譔。

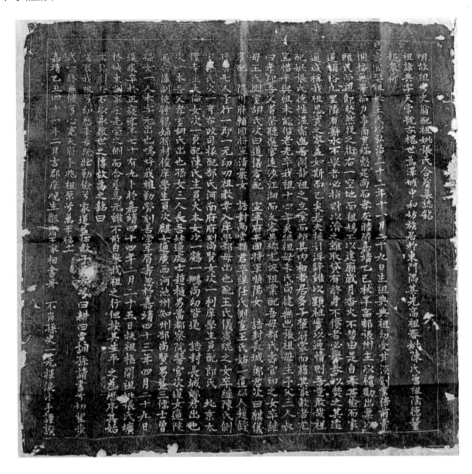

四十四、楊淑蘭墓誌　嘉靖四十四年（1565）四月二十日

明故贈安人楊氏墓誌銘 /

静菴許諫撰。 /

敬軒陳策書。 /

愛泉王學易篆。 /

亡妻贈安人楊氏，名淑蘭，義官詢之女也。甫笄，歸余，時已失怙，惟母劉太安人在堂，祖母李 / 氏垂老且病。余方弱冠，為庠諸生，貧窶，朝夕不繼。楊以富室女，少年孱質，乃能安之，事二母 / 極盡婦道。無他婢僕，凡操井臼，執炊爨，躬浣灌，雖不甚者，亦竭力為之，不以勞辭。後祖母終， / 余貧，不能襄事，盡鬻簪珥以為具。及妹適吳氏，復傾粧奩，資遣之。自御荊布，無慍色。故余得 / 免係累，肆力於學，以底成名，與有克相之力焉。余乙卯舉於鄉，丁巳遊太學，楊從寓京師，偶 / 嬰目疾喪明。及余乙丑第進士，乃曰：「吾不幸為廢人，其如君何？必得人代事之，吾斯慰矣。」遂 / 擇娶董氏，恩逮罔姤，撫愛其子若己出。董亦柔順相成，弗踰於分，人兩賢之。正德戊辰，余官 / 工部主事，奉 / 命鹽榷蕪湖，携家南行。舟中楊疾作，既至，逾三月，卒於江滸之行署，寔是歲八月四日也，僅享年 / 三十有二。嗚呼痛哉！性端重，寡言笑。處內外親疎以誠，始終無間；御婢僕輩嚴而有恩，重義 / 好施。治家儉約，至於奉祭祀，待賓客，未嘗不豐潔。與余結髮，幾二十年，備歷諸艱，方期共享 / 仕禄，獲與 / 恩封，以償平生齏鹽之苦。而竟不待，卒之明年己巳， / 勑命始下，追贈為安人。故其詞有曰「禮義相成，方著宜家之美；琴瑟中斷，竟違偕老之心」。真足以 / 慰懿靈矣。余庚午改監察御史，壬申遷陝西按察僉事，屢圖續弦而難其人。董氏攝中饋，亦 / 閑內則，條理整然，有楊氏之風，余方賴之。癸酉十一月十七日，亦以疾卒於陝西臬司，得年 / 纔二十有七耳。嗚呼可哀也！楊有子一，曰光祚，引禮舍人，娶太僕卿孫君之女貞惠。董有 / 子二：曰光裕；曰光啓。皆府學生。裕娶國子上舍司君之女貞從；啓娶海門知縣王君之女貞 / 順。孫男一，曰餘慶，祚出。女一曰美珠，裕出。初楊氏之卒也，時禁方嚴，不敢援送幼子之例，但 / 遣弟輩護喪還洛，未卜葬地，權厝於發祥寺之西廡。及董氏之卒，亦□□之令。余以糸政罷 / 歸，尚未克葬，每過殯宮悽惻，累日不釋。使冥漠有知，未必不咎余，余亦無以自逭也。今年嘉 / 靖己丑，禍延太安人，乃改卜新兆，於城東平樂之原，以四月二十日奉遷先府君合葬之，二 / 柩始得從昭穆而祔焉。葬當有誌銘，顧婦人之行不出閨門，弗敢以託諸人

也。自為叙□／銘曰：／

　　□育□□，樂則遠矣。蚤友琴瑟，老弗偕矣。德邪怨邪，匪我與矣。天也謂何，維其傷矣。生死始／□，厥理□矣。悠悠百年，同所歸矣。

　　洛陽劉雄鐫。

四十五、荀文墓誌　隆慶五年（1571）十一月二十六日

明敕封修職郎、國子監助教全齋荀公墓誌銘 /

賜進士第、中憲大夫、山東按察司副使、前通政司右參議劉贄撰。 /

賜進士第、進階正二品、資善大夫、山西布政司左布政使朱用書。 /

賜進士第、嘉議大夫、大理寺卿、前翰林院庶吉士吳三樂篆。 /

全齋荀公諱文，字質先，户部員外郎荀君天常之父也。本姓尋，出古斟尋氏裔也，訛為荀。據狀，世次亦 / 莫考。永樂初，祖諱整者，以人材授陝西黑松林驛丞。丞生義，義生志，志生海，海生公。公兄弟三人：叔理； / 季忠；公其長也。九歲而孤，鞠於外舅沈傑氏。少長入里塾，然自力，衣食竟廢。雖廢，雅志讀書，性樸泊然 / 任質，其中更晳然理也。與人亦不易合，獨合大興尹王方泉先生。王亦雅合公，蓋與其樸又理也。及户 / 部君當就傅，即託之方泉先生曰：「望汝畢吾志也。」方泉公亦時時課之曰：「望汝畢汝父志也。」户部君日 / 淬勵修苦，比入膠庠，訓導安丘辛先生開甌丈課士，不啻若親子弟，户部君與贄與焉。而兩生者，有辛 / 所材許云。以故，贄每升散會所，滇過户部君書屋，討訂即移夕。舉業外，不及他語。乃翁潛壁聽之，私語 / 户部君曰：「某生材可與交。」於是户部君論交日益深，而贄多取益焉。及歲癸卯，户部君舉鄉第，翁喜曰： / 「吾志畢矣。」又十年，户部君會癸丑乙榜，念翁年迹七裘，遂投筆就銓，署滑縣教諭，迎翁就養。翁就養， / 任質泊然，徜之窘約素也。時訓導為同鄉王儒，一見感服，即贈號曰「全齋翁」，以翁全德又全祉也。及户 / 部君轉官，教授順天學，翁思鄉。户部君遂送翁還洛，不強如京師。户部君再轉助教國子，三年考績， / 勑封翁修職郎，如子官國子八品官，得貤封所親，自此始。蓋特典重儒臣也。異數適逢，足占全祉矣。次 / 年癸亥，户部君擢户部江西司主事，再轉員外郎。翁門閥漸高，冠服有級，泊然任質猶素也。每書與 / 户部君，必以盡心終事為誠，絕不及家事。及歲丁卯，户部君謝政歸，日以承歡為慰，時翁年近八裘矣。 / 居常病肺，每尚食必甘旨，則戒勿甘旨曰：「我甘淡食，況又病肺。」户部君即瀹以淡食。嘗時具文綺，則戒 / 勿文綺曰：「我軏褐布衣。」户部君即紃褐布衣。每賓譖徃来酬應，必翁告則戒勿告曰：「我接謁時貴人，及 / 同儕徃来。」暇則觀書史，《三國志》、《英烈傳》皆其所最愛云。以茲逍遙，逾耄壽，享八十三。於隆慶辛未七月 / 二十日微病喉而終，蓋盡氣也，然賢於翁而重有得於養老之義矣。昔楊子雲譔《至孝》曰：「孝莫大於寧 / 親，寧親莫大於寧神。」夫神，壽之依也。任質則不馳，

澹素則不溺。不馳不溺,故寧。夫士大夫顯揚為孝者,／孰不願寧若親哉!及所以娛其親者,顧有聲樂以熬,酣燕以豪,肥甘、綺麗、車徒、珍玩以相高。不則厭其／素習,而張侈其體貌,以矯飾其所不適。若謂不爾,則虛負而徒老,然皆耗神之媒也。而以促其薄夕之／餘年,莊生所謂「世有大惑」,茲非其明驗。與詩曰「優哉遊哉,可以卒歲」,翁之謂矣。假令所養在此,而所願／在彼,則又何以。噫!此戶部君得以寧神為孝也!或曰:「武公九十猶勤小物,不勞勞乎!曾皙亦酒／肉矣!」曰:「非也,莊敬則日強酒肉者,不聞侈也,亦何妨於寧神。」翁生弘治乙酉八月二十五日,初配侯氏、／包氏,俱早卒。繼孫氏,生三子:長戶部君,先娶劉氏,早卒,繼娶訓導牛承裕女;次天與,娶孟氏,繼宋氏,皆／卒,今韓氏;次天則,娶姚氏。女三:一適胡天祥;一適張祐,生員;一適王言。孫男四:曰三德,配生員張時□／女,天常出;曰復德,天與出;曰頤德、曰恬德,天則出。孫女五:一適生員辛慎德;四許儒士張延胤;五許儒／士吳本定;二字許,三字史家,皆早卒,俱天常出。曾孫男二:曰虞夔;曰虞龍。曾孫女二:長許儒士戴垕;□／幼。俱三德出。將以是年十一月二十六日窆金谷園之新兆,戶部君以贊知翁,自其韶齔也。自爲狀□／□,余既誌之,而又爲之銘曰:

匪貴曷榮,匪壽曷徵。貴不有榮,泊然考終。是曰令德,榮壽莫京。祚胤爾□,／□□□升。金谷西園,沃壤崇封。長□□祥,永勒斯銘。

劉策刻。

四十六、秦楠及妻徐氏合葬墓誌　隆慶五年（1571）十二月八日

典儀生秦君配碩人徐氏合葬墓誌銘 /

朝列大夫、宗人府儀賓母弟徐珮撰。 /

邑庠生從弟徐瑱拜手書。 /

迪功郎、典寶正母弟徐璞拭淚篆。 /

碩人，余伯姊也。世為山西，/ 國初，始遷安陽之天池居焉，六傳而至大父御史慎齊公。父處士龍泉公，母夫人胡，是誕姊扵正德甲戌 / 之七夕也。年十六，歸扵秦君。君邑之世家子，諱楠，字子材，生扵正德辛未仲冬之廿。幼聰慧不凡，篤供／□業，不利扵試。/ □康王重其才，辟為典儀弟子，歆大用之。不幸早逝，實嘉靖壬子臘之十有四日也，壽僅四十有二，附厝 / 先塋之隅。越十有八載，為隆慶庚午，碩人亦卒，蓋五月九日也，淂壽五十有七。明年辛未，兒株輩售地 / 扵車村之原，啓秦君而合葬焉，從治命也。卜吉，淂臘之八日襄事，拜余曰：「吾父早亡，兒輩既不及養，終 / 天之恨，覬報母扵桑楡也。今天禍吾門，母又見背，父母之善無聞，兒罪重矣。奈何？」言訖，泣下且曰：「吾母 / 懿德雅操，知之詳者，莫翁如也。請銘之，用垂不朽云。」余聞之出涕，曰：「誠吾姊豐德而嗇年，余方痛之，尚 / 忍操管耶！」請益力，因叙其行。余聞諸先妣云，先考力耕天池，姊躬事蠶織，姊幼至性，不假訓誡，精女紅，/ 勤炊爨，閫內之事惟姊是賴。父母鍾愛之，因慎擇其配，聞其賢者，媒使旁午，不許。時山陽丞裕里秦公 / 與舅氏新泰司訓蓼蒿胡公俱家食友善，秦託胡為少子締焉，好言克合。秦子姓繁衍，家法凜凜，閨之 / 內若朝廷焉。吾姊歸之，入門而媼御皆喜，既饋而舅姑交賀。田夫人性嚴有方，御諸子婦不少假借。而 / 吾姊事之，深得懽心，不被呵責。後昆季析爨，姊相夫治家益篤孝敬，一味之甘，不奉舅姑父母，不入口 / 也。秦君遘疾，延歲餘，姊手調湯藥，晝夜靡怠，勞悴骨力。及卒，泣涕幾喪明，水漿不入口者累日。時姊在 / 堂，釋叭諸孤未立，姊勉從之。姊慮過哀毀性，曰取同居。遂不事鉛粉，素衣淡食，恒如初喪然，人叭為難。/ 甲寅，姊即丗，遂携諸孤往居西墅。閉戶紡績，教子義方，志節瑩然。識者以為雖古烈婦，不是過也。叭姊 / 之行，宜享康寧，躋上壽。奈何昊天降訓，遽奪姊年。先是，新正宴會，見姊彡喘。余懼，延醫胗視，藥二劑，愈 / 矣。三月，復作，醫治之，屢愈屢復，漸至羸瘦。五月，四肢浮腫，余與弟璞朝夕侍側，諸子祈天請代，竟不可 / 起。嗚呼！吾子仁也，視諸弟至強艾，猶夫孩提，旬日不見，則思。既見，視丰度為憂喜，否則泣下。

故諸弟／恃姊在，亦慰懷矣，今則失一慈尊長矣。可勝痛哉！姊有四子：長烌，娶王氏；次灼，娶徐氏；次焯，娶史氏；次／燦，聘李氏。女一，配／湯陰莊僖王孫鎮國中尉載慚，受／封為恭人，先姊十有六載卒。女亦淑德，中尉公別娶有子矣，至今問遺不輟，蓋慕女行也。孫女五，二烌出，／餘灼出。外孫女二，皆殤。夫至哀無文，至敬不餘，直述其槩而為之銘曰：／

　　嗟呼秦君，賫志叭亡。休哉碩人，孝慈乃彰。／同穴志償，更千萬年，無敢懷傷。／

　　孤哀男烌等泣血內石，石工王廷玉鐫。

四十七、牛氏墓誌　萬曆元年（1573）四月二十一日

明路孺人牛氏墓誌銘／

孺人乃典寶近泉路君騰虹配，孺人卒，近泉持年友晉泉鄭君／狀之都門請余銘。夫孺人之見重扵夫如此，其德槩可知也。按狀，／孺人姓牛氏，上黨典膳牛君珮第三女，兄元吉，／潘藩宿遷王儀賓，家世清美。孺人生而静順，舉止端肅。稍長，工女紅，／誦女訓，閨閫未嘗輕出。及適近泉，執婦道，維時舅姑垂白在堂，朝／夕祗事，□意承志，務得其懽。近泉兄長二，孺人處二嫂氏極恭順，／怡怡無間。舅既沒，所遺財産俾近泉為二兄遜之。嘗謂近泉曰：「爾／兄弟天性，爾壯年，家計尚可自立。以貨利傷天性，非家門福也。」閨／屬聞而賢之。孺人所出多早殤，惓惓為後慮，乃與近泉圖側室。／以禮聘莊氏，處若姊，無時俗妬忌之態。近泉以散官進，受／潘藩典寶正，夫亦榮矣。家貲日漸豐碩，孺人扵此當享遐祉，乃扵隆慶／壬申仲冬念五日，搆疾弗起，吁可傷也。距生嘉靖癸巳孟春念／九日，年四十。卜萬曆元年四月二十一日，葬角垣村之北原，從先／兆也。為之銘，銘曰：／

紀行以存實也，録善以昭勸也。婦道允執，靡可遺也。數弗垺德，尤／可悼也。于以識之，示不亡也。／

賜進士第、文林郎、福建道監察御史堯封復軒鮑希顏撰。／

鄉進士郡人忠軒□朝相書。／

邑庠生郡人少□□光大篆。／

玉工常應春勒。

孺人牟氏墓誌銘

孺人乃典簀正遠泉路君騰紅配孺人平近永持年友晉泉蘇作

狀之都門請命銘夫孺人之晟重茲夫如此其德豈可知也按逑

孺人姓牟氏上豪典牲牛為珮第二女凡元吉

潘孺宿遷王儒實家世清美孺人生而辭順舉止端肅稱長工女紅

孺女訓閨閫朱青輕山戾適近泉執歸道維時昜姑卒自在堂朝

少祇事見憲永志殷得其懽近泉兄長二孫人處二妓氏極恭順

怡怡天性爾非年家計尚可自立以貨利傷天性非家之福也春

兄弟無間泉既沒所遺財產僅近泉為二九雖之嘗謂近泉曰爾

屬閭而賢之孺人所出多早殤悽為無後處可與近泉圖側室

以禮聘莊氏處若娣無時俗妬忌必態近泉以散官退受

少亦榮矣家賞日漸顧孺人于此富亭退祉乃祚隆

慶壬申仲冬念五日攜族弗起吁呼此距生嘉靖癸巳孟春念

九日卜萬曆元年四月二十一日葵角垣村之圵原從先

兆也為之銘曰

紀行以存實也錄善以昭勸也婦道危執靡可登也數弗埒德尤

可悼也于以諗之宗不亡也

賜

進士第父林郎福建道監察御史莵封俊軒鑑希頫撰

郡人　忠軒徐朝相書

郡人　少嶷尤仄豪

邑庠進庠生

工工常廳春勒

四十八、王福履及妻張氏合葬墓誌　萬曆二年（1574）二月四日

明鄉□士南樛王公配張孺人合葬墓誌銘／

賜進士第、中憲大夫、山東按察司副使、前通政司右參議西塘劉贊撰。／

賜進士第、通議大夫、巡撫江西地方都察院右副都御史對泉沈應時書。／

賜進士第、通議大夫、南京刑部右侍郎、前戶科都給事中、侍／經筵柱峰王正國篆。／

公王姓，名福履，字子成，南樛別號也。系出安慶之望江縣，始祖興國初從戎，隸籍河南衛。生裕，／裕生綱，綱生浩，韓城縣丞。生遷，義官；生致中，即公父也。別號伊闕，配解夫人。以異稟，飽經義，擅／名洛中，舉正德庚午鄉第，歷官西安府同知。生三男子：長福澤；次福長；次公。公生而異稟，克肖／厥翁，又豐姿，兩乳四岐，其狀貌亦非几輩。嘉靖乙未丙申間，與里弟子二十餘輩受學於余姻／冽泉潘先生，潘又先君同妍習者。每課諸生，先君即携余就程比焉。公始束髻，摛藻煥發，有犇／流湔洞之勢。二十餘輩皆傾下，若弗能長，潘嘗許為材弟子，□先君亦引為不肖訓勵也。未／幾，值丁酉大比，郡守易水張公截名程士，時不肖亦與錄牒，而公已列諸生高等。時名歘起，可／唾手拾青□也。是年，同入膠庠，余幸先第，後竊縻四方。每一大比，揭獻□□，嘗不首期在公，乃／窺壙弗售者累科，或以文業病之矣。公亦信志邁往弗少挫，遂遍討諸經義旨，子史則句佔而／讀點之，洛中數□貫士無儔匹者，為文逾淬礪入細。己酉，督學見海翁公取食廩，人材許之。以／故門徒從講日眾，□得其緒已多捷進，而公竟弗售，良非命哉！性孝友，事解夫人□謹，□／□蚤／世，收撫其遺孤曰仁，為之婚配，訓敦如己子焉。脩飭行能，擇言而言，擇地而蹈。□□矩□□□／其尼父所思捐者流與。又善力生，儉苦自奉，廢置其餘，以作居積，家旋饒裕。往伊翁之□□□／也。進諸孤立牀下，長方十三，仲七歲，公五歲也。語刺刺，惟諸孤流落之慮。解夫人以翁慶□□／宦者裔，甚不至此解之。翁曰：「房杜為唐賢相，而不能免其子行乞，況阿若哉！身後，但保諸兒／無行乞，斯瞑目矣。」後解夫人時時以此意為諸子勸，廼公亦無時不此念，悲也。以故生平自力／學之外，即肯搆是計，一切幸好，作無益之事，意念不及，或以苦節非貞誚之，不知□有苦心也。／配張孺人，經歷張君學易女，貞淑敏慧。奉姑氏有孝聞，與公同心持家，多其內助。遺子居仁，公／自劬訓之，以隆慶庚午賓於鄉，不惟科年與其祖符，而名第不一錯屋，亦奇矣。是孰為之耶！公／之不第，豈其文業之病哉！逾年辛未，公亦以貢出膠庠。夫

以公夫媲攻苦茹澹，作室訓子，厥惟／艱矣！方將厚食其報，而張已先公二十年棄去，悲已！公始一離潛，後駸駸，躍可待也。乃又止此，／不重可悲耶！公生正德庚辰正月十三日，卒以萬曆癸酉十一月七日，年五十四。孺人生嘉靖／壬午二月二十四日，卒以嘉靖壬子六月二十九日，年三十一。繼配周氏，周君休女。男三：長即／居仁，娶庠生張周南女，張出；次□仁，娶庠生謝忠良女；欲仁，聘貢士張佳奎女。女二：長妻庠生／韓蓄弘子儒行；次許庠生管應平子聲和。俱周出。孫女一，許庠生任詔子之心。卜以甲戌二月／四日，葬金谷里□新窆，開張孺人壙合焉。乃為之銘曰：

　　蔣□□□，□旣須甜。稼穡于田，力盡須／甘。誰歷其艱，誰食其甘。苦未及甘，吾何觀於園田。有□□賢□□於前，孰云匪天，又何咎於田／園。於唯二人，是足慰於九原。

四十九、戴冕及妻吳氏合葬墓誌　萬曆三年（1575）二月十五日

誌蓋篆書六行：明故朝列大／夫兩浙塩運／使司同知龍／洲戴公暨贈／太安人吳氏／合葬墓誌銘

明朝列大夫、兩浙塩運司同知龍洲戴公配安人吳氏合葬墓誌銘／

賜進士出身、嘉議大夫、大理寺卿、前翰林院庶吉士兩室吳三樂撰。／

賜進士第、中奉大夫、福建等處承宣布政使司右布政使邑人嵩崖温如春書。／

賜進士第、通議大夫、南京刑部右侍郎、前户科都給事中、侍／經筵柱峰王正國篆。／

洛中有號龍洲戴君者，篤行士也，諱冕，字子端。始君游洛庠為諸生時，貌樸中蔚，訥訥寡／言，若悃愊無華者，人未之奇也。然力學強記，藏修益敏，每試多高等，人自是稍稍知有戴／君，而君亦弗自耀。適吾姊安人，叔父瀛少女也。叔父為名進士，任浙江山陰令，不幸蚤世，／遺姊待年於室。吾考都憲公友愛同氣，視諸姪如子，方圖尚婿事。或曰：「戴氏子才可予。」趣／召君，觀其文，首之，遂婚焉。有問者，考公曰：「顧誠何如，即富貴所不可知。謂芝草琅玕，戴生／其人矣！」後君以縣學生領嘉靖癸卯鄉薦，越十年癸丑，又第進士，眾皆服考公知人云。初／選山東昌樂知縣，為政寬和簡約，罷去浮冗，馭下以信，民德之，有古循良之風。居四年，擢／南京户部主事。會振武營兵變，議者謂當給軍糧可彌，部官咸懼，弗徃。尚書數目，君因請／行，給口授食，有不法者痛繩之，都人頗安。後轉本部員外郎、郎中，例當考績，／恩封父鸞户部郎中，／贈母裴氏太安人。歲乙丑，值封君卒。訃聞，痛幾絕。尋渡江而西，偶遭風波，舟人皆危。君急欲奔，／弗懼，底家周旋喪事，俱如禮。服闋，補刑部郎中，居官奉法循理，絕不近名。放衙後，獨坐旅／舍，閉關而已。不肯干謁通顯，而人亦不君知。緣是，左遷兩浙塩運司同知，眾論惜之。僅九／月，致其仕以歸。因葺舊廬，闢一圃，種蔬課子，披玩其中，罕所交游。時予罷政還家，與卿相／生約社，乃招君，欣然折簡相報，他所則不報也。不意年來遘疾，去冬疾且革，予徃候之，猶／強起為別。又數日，竟不起矣。悲哉！生正德五年六月初一日，卒萬曆二年十二月十六日，／享年六十有五。娶姊吳氏，贈安人，生正德七年九月十三日，卒嘉靖二十九年二月二十／五日，享年三十有九。繼温氏，封安人。子二：可繼，庠生，娶指揮温如玉女，卒，繼儒官蔡承風／女，側室史氏出；可緒，聘主事許僩女，温氏出。女五：其婿

主事董用威；庠生张九经；金從范；／次知府方公時學子崇慶；次南京刑部右侍郎王公正國子汲。孫女一，尚幼。可繼等卜以／萬曆三年二月十五日，合葵平洛之原，禮也。按戴氏之先，始祖聚國初家洛，其弟祥，祥生／智生鑑，鑑生鸞，娶裴氏，生君。次旍継楊氏，二子曰金、呈。君為人恂質忠誠無伎倆，人或侮之，／忍不與較，咸稱其雅量。古所謂重厚長者不言而躬行，其近之矣。予與君少同筆研文，骨／肉之誼，因懷可繼請，聊述其行實如此，而系之銘。／銘曰：

胡為一官，翛然而掛汝冠。胡為一疾，閴然而歸汝室。嗟嗟龍洲，才高命躓。吳干伏豐／城世珍，厥器照乘游深淵。其光乃媚，平原有美。既諧我姊，克順克比。貽後嗣以錫厥祉，／君子哉！

石工杜尚仁鐫。

五十、孟陽墓誌　萬曆四年（1576）十一月八日

文前篆書四行：明故文林郎／河南襄城縣／知縣近野孟／君墓誌銘

明故文林郎、河南襄城縣知縣近野孟君／墓誌銘／

賜進士第、嘉議大夫、南京應天府府尹、前／大理太常少卿、吏兵二科都給事中、／賜一品服長安王鶴撰。／

太學生澧苆濱人長安眷末謝沾書篆。／

孟君近野病革時，自狀其行，授狄徵君来／貢曁其子繼曾曰：「我卒，持此請王子銘我。」／余與君友善，君之素履習知之，敢以不文／辭。誌曰：君姓孟氏，諱陽，字曰啓東。世咸寧／人，父曰仁，大父曰清，曾大父曰忠仁。配李／氏，以正德癸酉二月廿五日生君。家居／郭中，鄰扵郊，故號曰近野。童時好弄筆墨，／遇其病，不淂筆墨不服藥。或無墨與之，木／炭亦欣欣持去，畫綿作字。父母因其好，乃／命之學。既學師所授書，日多寡輒能記誦。／又善屬對句，師甚奇之。後以父歿，家四壁／立，棄其業就市肆作賈。雖為賈不能忘讀／書事，日日取所讀故書坐市中閱之。邑人／王世英者，君父友也。歎曰：「以若之質之志，／可使之泯泯矣乎！」乃令其子伸結君為兄／弟，代君備禮，從白先生學已，又從何先生／學。學既數年，而君所蘊蓄甚冨。嘉靖乙／未，／選為學官弟子員。丁酉，以易中陝西鄉試／第八名。兩試禮闈，不第。乙巳，母李老而卒，／君哀毀盡禮，日以不淂祿養為恨。庚戌，復／試，復不第，乞恩授河南永寧縣儒學教諭。／壬子，充廣東布政使司同考試官。未幾，陞／襄城縣知縣。襄城，河南疲邑，民困甚。君至，／與之休息，不為矯情之政，上官不知，謂君／無能。丙辰，入／覲，奉／詔吿致仕。余聞君在永寧，潔己善教，不受／諸生金錢，諸生登第者咸德之。在襄城六／年，寬力役，恤鰥寡，號稱賢令。而君狀不一／及，盖謙之也。初，王氏結君爲兄弟，時欲藉／其衣冠復門户役，擬加王扵孟。及中鄉試，遂以王入試錄中，歷十餘年。至／令襄城時，／具／奏，始能從孟。彼時雖已從孟，而王之德未／嘗一日不在念／也。在永寧時，數使人存問／英。其後迎至襄城官舍，事之如家大人。既／又爲英償貸、治産、築屋，歿又為棺殮厚塟／之。君子謂君有古人一飯必報之誼／云。萬／曆甲戌，忽病咽，食日減一二器，月餘，下而／復出。久之，不能下，亦不能食，遂篤，以六月／初十日吿終，年六十有一而已。傷哉乎！可／謂栽者不培，仁者不壽也。君性長厚，接人／無暴抗，遇下不為苛細。即心所不然，

不能面折，或怒結扵中，則取醇酒自遣。及其病／也，咸謂有所鬱抑而然。其信然耶，抑數之／使然耶。君配曰趙孺人，秦府引禮舍人／世威之女，有婦德。生女曰京，京早殤。子曰／繼曾，娶咸寧晋處士紳之女。孫女曰改改。／咸君所自狀云者。葬以萬曆丙子十一月／初八日，墓在古磧原祖玭。銘曰：／

儒而服賈，讀而貿易，孰識爾嚚亨其身。不／忘其初，殆終始乎，道義狀而諄諄乎。自詳／若有所不慊扵爾意，嗟已焉哉！爾履爾懿／爾名，兹□爾誌，亦可永延而弗墜。／

不肖男繼曾泣血上石，／張尚信、尚德刻。

五十一、王氏墓誌　萬曆七年（1579）五月十六日

明故鄧母王氏墓誌 /

我先母父艾俊舉正德丁卯河南鄉試，任直隸海門縣 / 知縣，母洪氏。弘治乙丑十二月十三日生，迄嘉靖癸 / 未，配我父。我父號健菴，邑庠生。萬曆改元， / 恩例冠帶。乙酉，生我兄龍，府庠生，娶陝西白水縣儒學 / 訓導聶進修女，卒，繼娶喬寧女，卒。生孫男二：維藩，娶郭鍾岳女；維垣，未聘。生孫女一，適李時鳴子仕。繼娶 / 高尚用女，生孫男一，維屏，聘李應時女。生孫女三：一 / 字郭定邦子崑；二俱幼，未字。丙申生鶴，舉嘉靖辛酉 / 何洛文榜鄉試，再舉萬曆丁丑沈懋學榜進士。戊寅， / 除直隸華亭縣知縣。六月抵任，十二月初六日，我母 / 卒扵家，廼聞訃而歸。娶吳三近女，卒，生孫男一，尋夭。 / 繼娶省祭官孫茂女，生孫男女各一，亦俱夭。甲午，生 / 我姊，適典膳俞可適子盛。丙午，生我妹，適行太僕寺 / 卿賈淇子時栗。俱庠生。妹先母卒。母享年七十有四， / 卜卒之明年五月十六日，葬扵祖塋之次，在今洛陽 / 城東北十里邙山之麓。

哀子鶴泣血稽顙謹誌。

明故鄧母王氏墓誌

我先母父俊舉正德丁卯河南鄉試任直隸海門縣

知縣母洪氏弘治乙丑十二月十三日生迄嘉靖癸

未配我父我父號健菴邑庠生萬曆改元

恩例冠帶乙酉生我兄龍府庠生娶陝西白水縣儒學

訓導聶進修女卒繼娶喬蕰女卒孫男二維藩娶

郭鍾岳女維垣未聘生孫女一適李時鳴子仕繼娶

高尚用女生孫男一維屏聘李應時女生孫女三一

字郭定邦子崑二俱幼未字丙申生鶴舉嘉靖辛酉

何洛文榜鄉試再舉萬曆丁丑沈懋學榜進士戊寅

除直隸革亭縣知縣六月抵任十二月初六日我母

卒柠家廸聞訃而歸娶吳三近女卒我

繼娶省祭官孫茂女生孫男女各一亦俱天甲午生

我妨遣典膳俞可遷子盛丙午生我妹遣行太僕寺

御賈淇子時果俱庠生妹先母卒母享年七十有四

卜卒之明年五月十六日葬於祖塋之次在今洛陽

城東北十里邙山之麓

哀子鶴泣血稽顙謹誌

五十二、鄧益謙及妻王氏合葬墓誌　萬曆九年（1581）四月二十七日

□故儒官先考鄧公暨配先妣王氏合葬墓誌 /

先考諱益謙，字应乾，別号健菴。其先直隶宿松人，高祖郁任伊府工副，乃占籍拎洛 / 而家焉，遂世為洛陽鄧氏。曾祖琦，祖興仁，弘治間俱領河南鄉試。曾祖仕至辰州府 / 貳守，進階中順大夫。祖兩任縣尹。皆卓有治績。配祖妣張氏，生考兄弟五人，考居長。 / 聞考自幼聰敏過人，攻舉子業，即嶄然有聲。甫弱冠，補邑庠生，屢試秋闈，人咸謂可 / 唾手功名，而竟不偶。萬曆改元，始奉例冠帶，豈非命所限歟！時祖父襲累世宦業，家 / 頗稱裕。兩之任，其囊橐悉付之考職掌，考出入，惟謹無妄費，亦不敢有分毫私。後祖 / 父謝政之日，以考職掌勤勞，意欲厚予，考固辭，一無所受。嘉靖己亥，祖父見背。是時， / 考染時疫甚危，諸親每諭以節哀保重。考罔從，扶病而起，竟日長號，凡殯殮塋祭，悉 / 躬自整飭，後亦無他虞，識者僉謂孝德之所徵云。有任姓者，多所稱貸，遊兩廣為賚 / 本。中途遭風波之險，貨盡漂沒，考取其券焚之，不計其償。坐是，家計漸窘，門祚衰薄。 / 時妣惟率一婢躬績紡以供日用，考則課二子以儒業，昕暮啓迪，靡不周至。以故辛 / 酉之歲，兄龍補府庠生，鶴亦拎是年領鄉薦。萬曆丁丑，登進士第，此考庭訓之力居 / 多也。戊寅春，鶴授直隶華亭尹，走吏胥捧尺牘迎我考妣，詎期妣以疾，其行不果。茌 / 茸至冬，遽爾長逝，不二載而考又逝矣。慟哉！竊念考為人天性孝友，甘恬靜，厭紛華， / 平生絕無一言一行之苟且者，儼然有古人淳朴之風。雖素嗜麴蘗，終其身無沉湎 / 容，但日日數飲，微醺以樂其天而已。妣德性溫柔，舉止淑慎，年十七于歸。事舅姑以 / 孝稱，處姒娣四五輩無失和氣，下至僕隸，御之皆有恩澤。配我考幾六十年，自幼至 / 白首相愛敬，不啻賓客。考性躁，即少有拂意，輒加不遜語。妣惟曲意承順，無所忤。 / 無何，考亦尋悔，相待如初。嗚呼！以我考妣之性行，宜可永其壽筭，期頤未艾也。乃二 / 載之間，相繼淪亡，果天道之不可測若是耶！詎考生弘治癸亥十一月十六日，卒萬 / 曆庚辰十一月二十九日，壽七十八。妣生弘治乙丑十二月十三日，卒萬曆戊寅十 / 二月初六日，壽七十四。男二：長龍，娶聶氏、喬氏，卒，繼娶高氏；次鶴，娶吳氏，卒，繼娶孫 / 氏。女二：長適俞盛；次適賈時栗。俱庠生。孫男三，孫女五，其名次、眷籍俱載妣誌中。茲 / 卜以辛巳年四月二十七日，啓妣之竁而合塋焉，蓋祖塋之次也。嗚呼！考素負青雲 / 之志，既不獲登科，以用其學。鶴雖叨甲第之榮，又不獲迎養以盡其孝。異日者， / 朝廷褒封之典固

不敢必，倘有之，吾二親俱不少待。終天之恨，寧有旣耶！終天之恨，寧／有旣耶！

　　不肖男鶴泣血稽顙謹誌。

五十三、許佩及妻郁氏盧氏沈氏合葬墓誌　萬曆十一年（1583）閏二月十九日

明故伴雲許公暨配郁孺人、盧孺人、沈孺人合葬墓誌銘 /

是誌也，公蓋已殯者數十年於此矣。良卿君以今年閏二月十九日遷公暨公配厝合窆扵鳳凰涇之祖塋，泣 / 而持其狀請誌扵余。余故從公游，又習良卿君，夫何辭。公諱佩，字惟用，別號伴雲，忘梁公□也。世居姑蘇之崐 / 山，因割地属太倉，遂占籍云。有文仲者於公為大王父，少學為儒，屢應省試不第。隱扵詩□□里，夏推府公賓、 / 楊公希范、沈公□度為四友，並聞于時，文仲生咸，咸生昱。昱配王氏，生三子：伯□；仲伏；公其季也。甫髫，讀書能 / 了大義。會公昱督賦輸京，家□凋落。十歲，甥扵郁氏舅，經早世，舅又欽撫而婚之。無何，郁母卒，又公父母卒，又 / 公外大父卒。蓋一身交子扵二氏，而二氏先後亡者一身交喪之。附身附棺，必誠必信，未嘗從兄姪言，分任也。 / 第族有遺孤若悌若怡，外黨有孤若郁性賢，則見而憐之曰：「是孰與為怙恃者，吾任之。」誨令就學，仍給財產，人 / 克監立。性敦孝，時祭必飭。刱祭田三十畞，授姪愷其入，浮所共田，固欲實之，令世世無乏□爾。念宗黨貧，用推 / 恩田五十畞，給忻、悌、情輩，利頼無已時。猶子崑甃扵倡隨，公竊念：「吾族而有不脩夫婦之倫者乎！」往諭之諧也。 / 而子女之育且日蕃，至今崑德公內外一之矣。嘗有里役，結義會二十金許某也役。某得之，至今畵中忘里役 / 之苦。有殷富風友人顧積山貧而卒，公慨然曰：「是君賢，安淂愶許氏一塊土，忍見賢者暴其骼骴耶！」讓己地 / 葬之。憐老吳松、丁□並無後，公謂：「而老矣，天錫而年靳而後，傷哉！第吾在，而勿為後憂。」飽煖其存，衾棺其沒。蓋 / 吳松家故能辦，公為辦治。丁貧甚，公捐賮為丁存沒計，不減吳也。里有王某，逋公賦□獄，周昊以冤抵充。公憫 / 之曰：「吾何忍若苹轉囚徒間。」出縑為王完其逋，饋用饘粥，踰年事久，亦釋。先是，公弱冠咯血，躬禱茅山，見三 / 人衣青者前行，忽不見。僧謂：「君與祖師遇，病當瘳。」歸而病果已。時且謂公心湛溺杳冥說矣。廼所狎高忱習佛 / 法，□為公陳涅槃曰果，公頷之而心弗是也。每語良卿君曰：「髙忱屢屢談說佛氏，吾不曉曉。即不當吾心，第若 / 誦述聖賢語明曰正大有味乎！言之，夫安淂冐彼易此。若務勤儒以脩文，仲公之業，吾願畢矣。」公故歷艱嘗辛， / 累纖微而饒。猶然儉朴，惟公賦先輸，敦師問友，行脩挦幣，一聽良卿君。玄纁羔雁，無不腆焉。日治具，

庶幾賢豪／長者益我，不亦煌煌乎偉丈夫也哉！初配郁孺人，嚴脩婦道，早卒。繼配盧孺人，自名家歸，恭勤相夫，綺縞椎布。／□□荼蓼，厲島難，盧舍為爐，迭起仇獄。孺人身操薪□，泮緇洸。不愛簪珥釵釧，以佐乏絕。已而，家稍拓，公性好／施予，從旁慫□曰：「彼婦人態何為者。」今君子困扵義□，內外姻黨緩急相通問，遺贈卹，人愜其欲。先許氏，次郁，／又次諸盧，以為差。撫良卿君若己出，為娶婦凡三。庭無間言。沈孺人實舉良卿君，甫莩，以疾殞。良卿君狀曰：／「一言一涙，何能為誄。」嗚呼痛哉！孺人懿行之弗彰已，第質直端莊、會尊者意，傳扵老婢口者，則孺人概也。公／生扵弘治之十七年甲子十月初五日，其卒也，為嘉靖四十三年甲子四月十三日，實享年六十有一耶。郁母／享年三十三歲，先公卒者二十四年，以正德四年己巳二月初五日生，以嘉靖二十年辛丑九月二十八日卒／也。盧母享年七十五歲，後公卒者一十七載，以正德之元年丙寅十一月二十五日生，以萬曆之八年庚辰十／月二十五日卒也。沈母之歿後郁六年，所先盧三十四年，所實生扵嘉靖之六季丁亥六月初九日，終扵嘉靖／之二十五年丙午五月十三日，僅得年二十云。丈夫子一人，即良卿君，諱悅賢，補州弟子員，沈出，初娶浦□□／女，繼娶徐，今娶姚。女一，郁出，適項鈿。孫男一，姚出，幼未聘。孫女四：長為浦出者，許配泗州學正金君之子□□；／次為徐氏者，許配王植子九卿；三為姚出者，許配廣東經歷吳君子自化；四亦姚出，幼未許配。余惟纖嗇起家，／重扵用財，情也。公克敦大誼，分田里，恤孤獨，植仆解懸，好行其德，豈所謂以善為利哉！身用神庇而不然佛說，／至聞聖賢之教而□悅之，用是勗子，卒成賢名，庶幾哉！□然正邪之際矣！盧孺人繼郁相夫，或以其家，或以其／子，□□施□問□中竅，是孰刑之，所繇來遠矣！良卿君自沈孺人出，沈孺人舉良卿君而遂亡，此良卿君所／爲涕洟不自勝也。今舉子矣，為孺人不朽計，可□與是為銘。銘曰：／

匪德爾渥，而家訏訏哉！匪教爾繩，爾子駸駸哉！／

賜同進士出身、前浙江道監察御史、南京吏部文選司郎中、兵部職方車駕司員外郎、吉安府知府、復除杭州府／知府眷生張振之頓首撰。／

承德郎、汀州府通判眷生王大頤頓首篆蓋。／

直隸泗州儒學學正姻生金元齡頓首書丹。

五十四、張代良及妻陳氏地券　萬曆十三年（1585）十月一日

　　□□明萬曆十三年歲次乙酉閏九月戊戌朔越十八日乙卯，拠／山西等處承宣布政使司潞安府長治縣五龍鄉通遠都二里蘇店鎮居住孝子張朝金、玉，茲因／顯考張代良、妣陳氏未卜塋兆，亡父於先年寄殯本鎮東南，墓道不堪。今因母停柩，選擇墳塋，夙夜憂思，／不遑所厝。今選扵本府城南蘇店東南地属賈村東北，地名古道，上係南北畛，東西長一十八步／九寸，南北闊一十七步，計地一畝三分。龍從東北艮方發脈，变震山為主，係橫龍腰結，氣從耳／入，坐乙向辛，易占允臧。地形丹鳳唧書，勢合仙人大坐，前有玉印正就近案，水繞三匝之玄，／曲屈交合関鎖，貞為趨全避缺之兆。虔誠致敬，謹俻價錢玖萬玖千玖百玖拾玖貫文扵／皇天后土陰君位下，買到左至青龍，右至白虎，前至朱雀，後至玄武，上止青天，下止黃泉，中止／亡人吉 穴 。 內方 勾陳，分掌四域。丘丞墓伯，封步界畔。道路將軍，齊整阡陌。若輒干犯，訶禁將軍，／即行勅縛□□。今以牲牢酒醴共盟信契，財地兩相交付。占扵本年閏九月十八日乙卯，天地開／通，斬草破土，立穴安塋，用工修理完全。擇扵十月初一日丁卯，天地和寧，玉犬金雞歌吼鳴吠之／□，扶柩安塟。山川鍾秀，産百子千孫，富貴雙全，福壽遐齡，家門清吉，孝義賢良，科甲叠／□，官禄重重。瓜瓞綿遠之慶，神祇保佑，永錫洪庥。現有居者，永避萬里。伏屍故氣，永／不得侵争。致使千秋萬載，永無殃咎。助塟主內外存亡，永遠安吉。急急如／玉帝使者女青律令，勅。券立二本，一本奉上／后土陰君，一本給付／立祖墓□張代良执照身，永为俻用。／

　　……風……縣張承恩等。

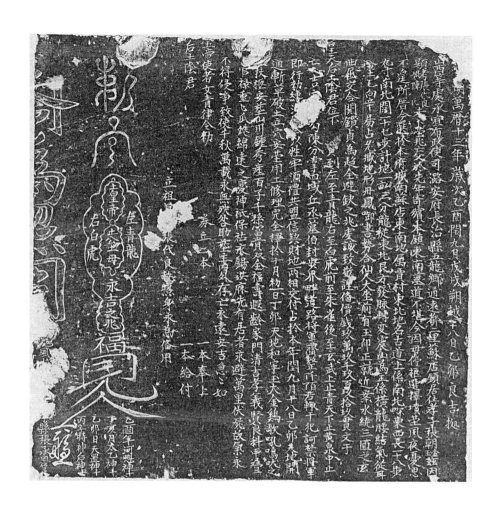

五十五、杜景春墓誌　萬曆十四年（1586）十月

明故杜老先生墓誌銘／

夫人必有誌，所以紀生平也。上焉者功施社稷，德被生灵，／名勒彝鼎，此大丈夫得志當時之所為也。下焉者生無益／扵當時，死無傳扵後世，與草木同腐朽焉耳，何足論哉！磁／州臨水鎮杜老先生者，世業農桑，素稱良善。居家以勤儉／先人，處衆以謙厚自持。敦睦九族，賙恤鄉里，章章可錄，盖／亦賢而隱扵農家者也。上焉者固不可企及，及其視下焉者不／雲泥乎！我／大明萬曆丙戌孟秋二日告終，親眷侯近泉詣予求誌。予雖不／知其詳，姑即其所聞以紀其略。公諱景春，父諱子明，母王氏。／兄弟四人：長曰景芳；次曰景和；其三乃公也；弟曰景智。皆／先公而卒，俱葬扵石橋村側。公先娶謙氏，生女一，聘高從／智。子一，諱時勤，別號柳川，執蕭曺之業，頗有儒者風。継娶／郭氏，生女一，聘庫官藺珮男諱枬承。時勤先娶張氏，生女／三：一聘于自新；一聘牛化麟；一聘楊氏。子一，名國柱，聰穎／過人，時以偉器望之。継娶武氏，生女一，聘省祭官右臺李／廷榛子焉。公世為磁人，居州西之臨水鎮云。／銘曰：

鼓山毓秀，滏水發祥。篤生耆德，利益多方。／澤盈閭里，名播鄉邦。于萬斯年，子孫綿長。／

峕／大明萬曆十四年歲次丙戌冬十月吉。／

欽差薊遼等處整飭兵備副使、／賜進士第成安文吾蔡可賢撰。／

涉庠生環溪温知新書丹。／

本州石匠牛朝臣刻石。

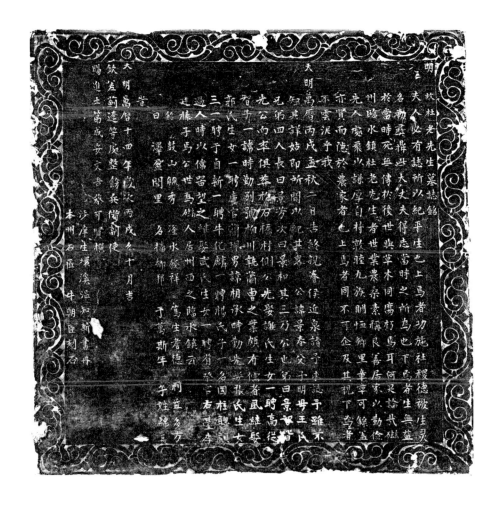

五十六、呂黃鍾墓誌　萬曆十五年（1587）十一月十七日

明故郡庠生小川呂伯子墓誌銘 /

鄉進士、中憲大夫、雲南廣南府知府、前南京刑部郎中邑人陳璐撰并書篆。 /

呂伯子諱黃鍾，字伯元，志紹先德，號為小川。世為洛陽人，祖諱伯能者，生和，和生 / 昂，昂生釗，世有隱德。釗生澤，仕宰伏城。澤生相，任伊藩典膳，後以子文川君貴，/ 贈刑部郎中。相生孔良，即文川君，登嘉靖丁未進士，歷官池州府知府，配方氏，/ 封宜人，繼程氏。方宜人生男子三，伯元其長也，故稱伯子。伯子器宇凝重，有至性，自幼即知敬其大父與若翁。及長，處兄弟翕然，無少慍色。受易學于梁傅，即能解義 / 旨，精楷書，又精篆隸。大父若翁愛而重之。嘉靖戊午，督學亢公拔其秪，為郡庠弟 / 子員。文川君群其二三兄弟，與同進英遊，日課其業。伯子駸駸然軼之，同鉛槧□，/ 咸自謂不及。一時先達均以接武期伯子，伯子亦自期焉。甲子泊庚午，鄉闈屢 / 試不偶，或解之曰：「此非數之奇乎！」乃伯子與與然，日益淬勵。先是，庚申歲文川君 / 官西曹，方宜人以疾卒於京邸，伯子在洛，時訃未至，嘗書「子欲養親不逮」之語于 / 几間，已而果然，聞者訝之，以為孝思。比扶櫬歸，哀毀骨立，葬祭靡不遵禮。甲子，文 / 川君解池州之綬，伯子與其弟築澗上別墅，以奉晨昏。事繼母程，無幾微間言，尤 / 人所難。文川君患濕腫，伯子檢方延醫，禱祝問卜之事，無間寒暑晝夜，卒賴以□。/ 越七年，捐館舍，執喪盡禮，一如方宜人。事死如生，厥情篤矣。洛中歲沴施藥餌，以 / 療貧乏。戚里婚葬不給者，能時時賙恤之。每歲分至，群宗人而祭之家廟，以敦□ / 源，崇厚道也。嗚呼！伯子修潔雅飭人也，年逾五旬，絕無一妄言妄行，可不為篤□ / 君子哉！然才雖厄扵遇，而能孝能友，與人交，斤斤無他腸，皆豈以詔後人而垂不 / 朽。若伯子者，又何憾焉！距生嘉靖十四年九月初一日，卒扵萬曆十五年二月初 / 三日，年僅五十有三。嗚呼傷哉！娶張氏，庠生張君汝楠女。子一，石生，邑庠生，娶陳 / 氏，余族孫庠生治策之女也。女孫二：長蒔馨，字庠生劉君玉珂子有倬；次蒔芹，幼。/ 諏本年十一月十七日葬扵金谷塋之昭次，石生自為狀，涕泣請銘。余衰病不文，/ 曷□□□子之光，思交若祖若父及若身。重以姻婭三世之雅，誼不能辭，乃為之 / □：

　　□□□□，才純而德。中年胡折，孰予孰靳。惟天之順，將顯而祚。斯賢

而後，亦□／□□。□□□阡，澗水南□。□珍幽□，□□澤輝。

　　石工劉科鐫。

五十七、王氏壙誌　萬曆十五年（1588）十月二十日

明衡水義官趙公妻王氏壙誌／

孺人王氏乃邑中鄉耆王英之長女也，生／于正德己卯年四月二十日寅時，于萬曆／丁亥十月初六日丑時，壽六十九歲，無疾／而終。適義官趙儒生，子二：長天爵，義官，娶／宋氏，繼娶彭氏；次天祥，選貢，娶李氏。女一，／適邑中徐彥庠。孫二：長德明，鴻臚序班，娶／陳氏；次德寬，庠生，娶王氏。孫女三：一適邑／中傅尚書公之孫上舍傅之堂；一適庠生／李興賢；一適深州謝進士之子謝師範。曾／孫一，良弼。曾孫女一。以戊子年十月二十／日塋于縣西壬山丙向之地。／

不肖男天爵泣血謹誌。

五十八、杜麟墓誌　萬曆十六年（1588）十二月十九日

明故省祭官先考杜公墓誌 /

萬曆十有六年戊子，接歲愆和，瘟疫枕衢，傷者十九。孤抱 / 隱憂，尋即嚴君邁焉。孤迎醫檢方書，理之靡所著稔，輒傍 / 徨無計。不解衣以侍，迺竟臥不起，卒在是年正月初三日 / 也。嗟嗟哀哉！按孤上世始祖諱長生，高祖諱秀，秀生曾祖 / 諱表，表生祖諱還。還生父諱麟，字汝祥，安泉其別號也。父 / 世居伊洛南耕讀，其業既就，掾期踵何參。處黨里宗族，每 / 有勤卹周護，號長厚者，不屈指一二數。且孤家務繁劇，父 / 主持而應酬之，則燕翼貽謀，所仰藉並山重矣。孤纔游泮， / 尚未伸烏懷之報者，詎意遭此奇蹶耶！嗟乎！抛膝下之歡， / 虛庭前之過。紅輪遠墜，白雲徒瞻。堆疊之丘，不足以積思； / 洪濤之浸，不足以流涕；終天之恨，所不免也。痛已痛已！父 / 生於嘉靖十七年五月十七日，淂季五十有一。配孤母智 / 氏，生男二：長應選，即孤，娶劉紹芳女；次眷選，娶劉隆女。生 / 女四：長適孫仲舉子守楠；二適劉豹子希曾；三許韓梅子 / 嘉言；四幼，未字。生孫女一，許吳性子盖。父可以無後慮 / 矣。 / 矧沾天寵以冠帶省祭，則畫錦榮歸，非浮度於塵世者。茲 / 卜以十二月十九日，窆父於先塋昭序。孤忍淚為父揚權 / 其槩，以示之来者。若銘，固有待焉。孤子應選泣血謹識。 /

石工張汝林刻。

明故省祭官先考杜公墓誌
萬曆十有六年戊子按歲慸和廣受枕僴傷者什九孤抱
隱憂晷郎嚴名遺馬孤迎醫檢方書理之靡麗番聽報㑳
猶無計不解衣以侍畫竟即不起卒在是年止月初三日
也嗟瀍抌抗孤上世始祖諱長生高祖
譚表裏生祖諱還生父諱麟守汝祥安泉其別號也父祖
世居伊洛南耕讀其業晚競擽期鍾何教靡黨里宗族每
有勤邨同護號長厚者不屈指一二數且孤家務繁副父
主持而應酬之則燕翼貽謀丽仰籍並山重矣孤純游泮
尚未伸鳥懷之報者詎意遭此奇頯耶嗟乎抛膝下之歡
廬庭前之過紅輪遠墜白雲徒瞻堆疊之立不足以積思
洪濤之浸不足以流涕終天之恨丽不免也痛已痛已父
生扵嘉靖十七年五月十七日㝵年五十有一郎孤母智
氏生男二長應即孤娶劉紹芳女次春選娶劉隆女生
女四長適孫仲舉子守楠二適劉豹子希曾三許韓梅子
嘉言四幼未宇生孫女一許吳性子蓋父可以無後應矣
剗沾天寵以冠帶省祭則畫錦榮歸浮度扵塵世者茲一
卜以十二月十九日塋父扵先瑩略序孤思诶為父謹識
其縣以示之來者若銘固有待馬孤子應選澤血謹識
石工張汝林刻

五十九、許夢兆及妻馮氏董氏姚氏合葬墓誌　萬曆十九年（1591）三月二十五日

明郾城儒學訓導巽庵許公洎配馮氏董氏姚氏合塋墓誌銘 /
賜進士第、奉議大夫、前通政司右糸議劉贄譔。 /
賜進士第、通議大夫、前南京刑部右侍郎王正國書。 /
賜進士第、通議大夫、前南京工部右侍郎董堯封篆。 /
此余初服會長廣文許公墓也，余誌公墓而寔負慘心焉，蓋傷友分至□艱云。始余丱角而問交公 / 也，蓋在嘉靖丁酉間，厥後弟慎復以几研續之，續兩家子復以同年集□同文之會。而以余兩人者 / 主若校事，則益講世已，蓋不啻五十餘年也。中間休戚至不齊，而尚幸三五髫齓之交在，遂以初服 / 為社，而共一齒德尊公為席主幸甚，可宗以畢此餘年也。乃公遽不起矣，余何能已扵悵然，悲耶！歿 / 逾月而嗣君源以共會同塾王公狀為徵銘，乃余向苦衷病謝文事已久，顧以公誼，又力疾叙之。公 / 諱夢兆，字仲吉，巽庵別號也。先世直隸武進人，國初，始祖諱誠一者隨伊藩籍洛居焉。誠一生敬， / 敬生淋。淋配徐氏，生五男子：夢陽、夢亨、夢時，夢周，公其仲也。公少負穎資，以制業淹貫盛士望。天性 / 孝友，蚤失怙而食貧。母徐稱未亡人時，諸昆季婚娶未畢也，以此憂恚致病。公開里塾，授業生徒。而 / 元配馮孺人內以紡紝共之，用充甘旨。猶積其餘，以調度諸昆，令各擅治生一業。不数年，而諸昆悉 / 受室有立，而母徐亦因以解顔，戚里以此歸公孝友云。嘉靖乙卯，食廩，八躓場屋，僅以萬曆乙卯應 / 明經薦起家，士論每為公稱詘也。壬午，謁銓，遂牒郾城儒學訓導。公至，以身先教條，尤選集譽髦士 / 共其子春元君源親為校藝。郾久乏科，乙酉舉一人，則出公造業。又公素愛一馬生者才而貧，嘗極 / 口扵縣公朱前。朱陰捐俸為贄，資令受業門下。公知，但令受業，而力却其贄，更不時自捐周之。公訓 / 郾以道氣，而遠一切仕貧之態，類如此，士深信愛重之。但公夙志高尚，居僅二載，會姚孺人病，遂引 / 年歸洛。而郾亡論薦紳士庶以所繫思，圖為繪事寄来，咸至情也。而督學趙公尤以美詞馳檄獎之。 / 公歸洛，有司以鄉飲賓席重焉。因共起初服會，將以繼孫王二先達，續耆英社也。得公主席，風韻能 / 令滿座春温而不及扵媟褻，此所以相倚為重也。公美性術，而尤以篤倫重義為洛人傳頌。兄弟五 / 人，家道雖腴瘠不齊，而公為引携，不時盃酒唱和，政和塤箎，有姜氏共被之風。季弟窶更甚，又□亡， / 生計塋事與若遺孤，悉公倚亡遺慮也。河陽大司徒劉紫山公自束髮投師扵洛，而得友公，遂為莫 /

逆。後延公渡河，共治業金山寺，而群里彥託賓席扵家塾。公說易鮮頤，尤慎扵師模，士習傾心化／之。多所造進秩扵洛塾士，蓋不專扵興文發科也。獨期才品與劉自少相許不相下而詘，信頓相去／如此，君子是以有憐才之歎云。至其居之以和，道方即之可親而難犯。居家必量入為出，而制扵／禮訓；子則愛之能勞，而遺以安諸。不能悉舉，然皆我師也，而今將安倣，嗟嗟痛哉！公生扵正德丙子／正月初三日，卒以萬曆庚寅七月二十三日，享壽七十有五。元配馮孺人生扵正德丁丑七月初八／日，自歸，與公孝敬媲德，是造厥家而不永所受。以嘉靖己未五月初六日卒，享壽僅四十有三也。惜／哉！繼董孺人生扵嘉靖辛丑十月二十四日，卒以萬曆丁卯二月十四日，享壽三十有九。再繼姚／孺人生扵嘉靖乙酉十一月二十八日，卒以萬曆己丑十一月二十九日，享壽六十有五。二母閑靜嗣／徽，咸有一德而壽皆未耆，均之惜已！子一，即春元君，馮出也，娶庠生李檜東女。女二，壻庠生王近仁、／王宗禮。孫男二：嘉瑞、嘉珩。孫女一，許舉人溫澤子廷棣。筮以辛卯年三月二十五日，窆邙山鳳凰里／祖塋鄰次之新兆。因為之銘曰：

洛社允臧，有主奕光。唐白宋文，明孫與王。初服嗣之，師錫曰許。匪齊／者爵，齊以德嚙。厥配為均，玄藏載新。載新載芬，矧振乎後人。／

石工劉科刻。

明郎□儒學訓導晉菴許公泪配馬氏童氏桃氏合窆墓誌銘

賜進士第奉議大夫前通政司參議劉曾譔

賜進士第通議大夫前南京工部侍郎王正國書

賜進士第□議大夫前南京□部□侍郎□□□封篆

六十、喬應科墓誌　萬曆二十三年（1595）十月二十八日

明故庠生文山喬公墓誌銘 /
賜進士第、文林郎、知直隸淮安府山陽縣事何際可撰。 /
賜進士出身、奉議大夫、刑部四川清吏司郎中王金星書。 /
賜進士第、文林郎、知陝西西安府蒲城縣事秦道顯篆。 /
萬曆乙未正月二十九日，喬公以脾病卒。其冢嗣孝廉君挾策□□□□ / 京邸，擗踴號慟，呼天靡從。既匍匐歸，圖所以襄大事者。會余以入 / 觀過里，孝廉君列狀請銘。公先進，且余至戚屬也。今齎志長逝，將仰歎梁 / 木矣，忍銘公哉！按狀，公諱應科，字進之，別號文山，世為陝西渭南望族。公 / 父諱仲禮，始籍洛陽，配楊氏，生公於嘉靖甲辰二月初四日也。妊時有異 / 兆，故總丱即善屬文。甲子，入膠庠，盛士望。事二親以孝，內外聲稱藉甚。丁 / 卯，丁母憂，痛毀如禮。繼母洪劬勞之報無異扵楊，鄉評益為推重。乙亥， / 督學袠公聞額旌之，開卷大為解頤。是年，補增廣，蓋袠即今大西臺也。丙 / 子，丁父憂，雖哀慕之日而家政倥偬，苦心砥行，博極羣書，寒暑不輟也。訓 / 諸嗣日夜有程不少懈，一時髦士多執經門牆者。公七試秋闈，竟不一遇， / 命何奇耶！迨乙酉，冢嗣舉扵鄉，公少酡而心鬱鬱然。猶以己身不偶，愈 / 加淬勵。暇則明農偃洛之區，訂二三友儕為社。每觸行，輒鳴鳴誦「烈士暮 / 年，壯心未已」之句，此可以覘公志矣！公有姊適扵張，張無嗣，且客死。公收 / 其姊併女舘穀之，終婚嫁無異己出。他如親睦族黨，敦誠友誼，撫御臧獲， / 皆天性之罪厚，上壽徵也。廼僅享年五十有二，惜哉惜哉！輿論謂孝廉顯 / 揚有期，而公不需，孝廉遺恨入風木矣！公配何氏，余堂姑也。生男三：長嘉 / 棟，即孝廉君，娶趙公進之女，繼娶舉人劉公慎女；次嘉楨，娶廩生張公戀 / 忠女；次嘉楫，幼未聘。女二：一適儒生黃希顏，蚤卒；一適儒生沈萬言。孫男 / 一，元鼎，幼未聘，嘉楨出。孫女一，字庠生沈繼慶，嘉棟出。孝廉君卜以是年 / 十月二十八日窆葬邙山之麓，從先兆也。為之銘曰：

昊天弗雲，龍伏為蛇。 / 矯矯揚采，其光滿家。生子欲飛，將騰四宇。翌 / 時見現，為霖為雨。寵渥 / 三朝，恩錫九原。千秋萬禩，仰視斯阡。

杜希羮刊。

明故庠生文山喬公墓誌銘

賜進士第文林郎知真隸淮安府山陽縣事何際可撰

賜進士出身奉議大夫利部四川清吏司郎中王金星書

賜進士第文林郎知陝西西安府蒲城縣事秦道顯篆

萬曆乙未正月二十九日喬公以脾病卒其家嗣孝廉君抉篆

時丁父憂雖哀毀如禮艱之開卷大爲之解顧而芙里喬公之

邦丁父憂雖哀毀如禮艱之開卷大爲之解顧而芙里喬公之

兆故諱仲禮始搆洛陽能楊代生公於嘉靖甲辰二月初四日也往時有異

木矢諱銘公我於嘉靖甲辰二月初四日也往時有異

觀過里孝廉君列狀請銘公先進且余至戚屬今今齋志長逝將邨族公

諸制誥日後有程不少慚一時髦士多軌經門墻者然雖以試秋闈覺不一遇愈

命淬屬那耶追乙酉嗣拳於鄉公顏少齡而心麗書然然以身不鴻一遇愈

加淬屬那耶追乙酉嗣拳於鄉公顏少齡而心麗書然然以身不鴻一遇愈

其壯心未已之句此可以覘公志矣他如親睦族黨賞族成文誼撫御臧獲

省學衰公開爲雄之日而家政館總苦心砥行傳極犀書書甚行麻鴻詢烈士善收

年壯心未已之句此可以覘公志矣他如親睦族黨賞族成文誼撫御臧獲

揚有暇則明農儴洛之區訂二三友儔爲社每賜行麻鴻詢烈士善收

郎有奇耶追乙酉嗣拳於鄉公二一遺儒娶生黃希人劉公慎女次嫡繼娶奉人

栽女次嘉棋幼孫女一字庠生沈繼慶嘉棟出孝廉君卜以是年

忠女次嘉棋幼孫女一字庠生沈繼慶嘉棟出孝廉君卜以是年

十月二十八日定奠印山之麓從先兆也爲之爲露爲雨寵渥

三嬌嬌揚采其光瀚家生子欸龍將騰四宇望時見現爲霖爲雨寵渥

三朝恩錫九原千秋萬裸仰視斯阡

杜希美刊

六十一、張強墓誌　萬曆三十三年（1605）十一月二十六日

明張尚書家幹軍門千總官張強墓志銘／

余家君之老伻張強叭今年十月之十七日馬□而殞，家君慟之，余輩及眷屬／皆慟之。問之者曰：「僕也，而子弟慟之乎？」余時潸潸應之，叭含糊□□之。廿六日，／葬之郭家庄之北麓。余將志之叭銘，問之者□曰：「小人也，而告葬之乎？」余逌／無以怵惕而為之解曰：「何□於□弟為其親上耶！何取於君子為其行義耶！□／□語強之所以為強者。強□□李衛使之蘖也，早失怙恃，行年十三而來□□／家。於時，家君官召蜚，先慈愛憐而存之。而先王父又憐其健，遂命之曰『強』，而因錫／之余姓。洎及總卯，感恩矢義，服役家君官中外。力精刀筆之技，而夙夜忠□，不／知有身。家君脫一違和，嘗藥假寐，其不解帶大嚼有越月者。先慈不幸中年棄／余輩，而余季弟方襁褓，再逾年而乳母謝去。渠感先慈恩，恤弟弱且病，自叭呴／摩肩之勤瘁，三年有加無斁，而弟竟殤焉。渠悒悼而祭掃其壙，迄扵□□十餘／年不衰也。余輩遠出，必任阿保，□競多方，叭扈萬全。寢不擇地，食不取旨，事不／辟艱。當畏□之邸，其達旦循牆者，每每焉。有子年十三矣，尚未能舉婚。有薄／田六十餘畞，僅供婦子朝夕。有敝廬數間，力亦未瞻成之也。而余家之僕，有產／力溢其上，而仍營營者，又有甫斯役而動鬮飲者，則必責譬之。常向人曰：『廻□／□斯我顧一子也，而今大逾涯矣，是不契苟完之心乎！』且取服勞幾五十年，歷三／世，寧無一二拂意旨加，沒齒毫無怨言。雖其疇某有因事而欲悖主德者，渠亦／陰叭大義再三折而戢之，而竟不欲余輩知。嗟嗟！此其大節耳。餘之會扵余心／者，更僕不易数。余言盡意哉！而賞之里媧則稔矣。故余族季父威郡太守嘗旌／之叭四言曰『忠慎勤幹』。而余姻家蕭將軍竟官之叭軍門千總，盖咸洞其為主／之愫而寵異之也。而曰子弟、曰君子，今旋考之其所叭親上者久久不替，與子／弟孰多。其所叭陽竭力而陰竭情者也，視行義之君子，亦可曰窺其一斑矣。余／輩之慟之葬之也，客不可叭淂解乎。」問之者謝不敏，而更從臾曰：「文子之喻我／者，次其支屬貌年，而可銘矣。」余怆然曰：「其子一耳，名永祐。女二：一歸魚；一未字。／其妻則家君為之三娶，始曰馬，繼曰薛，又曰趙，皆良家子也。其體幹止當中人，／兩目則灼灼。而承應便捷，行年今六十，而神王不減壯人。故其欲報余家者，／有懷未盡，此余家所叭厚葬之而大慟之也。余又安能文銘哉！」問之者亦不勝／欷歔別余。余即用客之言，拭淚脫橐而綴之叭銘。銘曰：／

桓桓武裔，择主而翁。致身抒悃，彌久彌忠。燁燁并服，／聿旌厥功。原陽水浹，藏魄玄宮。百代邁徃，靈護楸楓。

張尚書長子小主人元之甫撰。／

張尚書仲子小主人欽之甫書。／

大明萬曆叁拾三年歲次乙巳冬月之丙寅日辰時，／本縣石工樊邦訓鐫。

六十二、張國光制書　萬曆三十四年（1606）四月七日

　　奉／天承運，／皇帝勑曰：朕聞百里元元之命，懸於令長。夫令為民所寄命，而國家不為民命／酬庸，其何以勸爾。山東兗州府單縣知縣張國光賦才英茂，抱□醇明。爰／自賢科試於巖邑，而爾才如游刃，節勵飲氷，澤灑窮閭，黔黎鼓□，風清弊／藪，黠吏寒心，百里弦歌，有聲三年，薦牘屢至。是用歲閱，授爾□文林郎□／之勑命。夫東魯，古聖人之遺教在焉。然志稱君子，材雄小人，鄙野其□□／治之而使復隆古之盛乎，爾尚勉焉。以臻郅理，朕則汝嘉。／

　　勑命。／

　　萬曆三十一年七月十九日。／

　　大明萬曆三十四年歲次丙午清明吉旦，不肖男張文庚立。

六十三、鮑氏墓誌　萬曆二十八年（1600）十一月二十日

明故張母鮑氏孺人墓誌銘

禮部儒士邑人潛心包洪策譔文。／

張孺人姓鮑氏，父良勝，母虞氏。孺人生而警敏，學女功，挑刺錦繡，世／俗相詫以為難者，亦徃徃精絶過人。在父母膝下，柔順婉娩，動皆常／意。年及笄，適城西張君國相。夫性端方，孺人佐以柔順，家事洪纖，必／贊決而後行，咸當夫旨。自是，親戚中不獨知孺人之能勤能儉能慈，／而無妄之眚，能以理遣卻侵弭患之道，偉然女中翹楚。撫二子劬勞，／至忘食寢。子出就外傅，凡待師礼幣，隨時豐腆，備極隆敬。孺人事舅／姑，曲盡舅姑之歡心。姑性儉，孺人華麗是屏；姑性慈，孺人叱吒弗聞。／夫家費不贍，孺人出簪環布帛佐之，克盡婦道。孺人內行甚修，宜饗／遐齡，今未及中壽，不亦傷乎！孺人生於隆慶丁卯八月初一日亥時，／卒於萬曆庚子十月三十日巳時，享年僅三十有四。生有二子：長朝／獻，娶邑庠生包君弘勳之女；次朝卿、朝欽，未聘。孫而元、而亨、而利、而／貞。葬於庚子年十一月廿日辰時，墓在十一都，土名榮前。其山正作／辛山乙向，兼辰戌三分，得吉兆也。銘曰：／

誰謂閨處，識達群倫。誰謂淑媛，訓子工文。一夕疾殁，／悲慟傷神。嗟乎過矣，萬□終藏。千秋百世，永有幽光。

明故張母鮑氏孺人墓誌銘

礼部儒士邑人潘心包弘來謀文

張孺人姓鮑氏父良勝母眞氏孺人
生而警敏學女功桃剌錦繡世
俗相浼以爲難者亦往往有揖
生父母膝下柔順姙娩洪動皆必崇
意年及笄通城西張君國相大性端
而無安度丁出就火傅遣郛侵弟礼方孺
黃中壽不及孺人出營環帛佐之隨時偉於知女中之能
至矢食不暇給姑性儉待師孺人華麗是畫婦道德性惡
姑曲盡孝養之散姑患孺人佐之克盡厦丁邪人内行甚修
夫家貧不及中壽不亦傷乎孺人生奔隆厦人敬叱呟帚聞
逢殷今來於萬暦庚子十月二十日巳時享年僅三十有四生有二子長朝
平於邑屠生邑君弘動之女次朝郛朝欽未聘孫元而前壯山正作
獻惡於庚子年十一月二十日辰時墓在十一都土名葉前壯山
貞霋乙向無辰戊三分得吉兆也銘曰
辛山乙向無誰謂閨庭鐵達群倫誰謂淑媛訓子工文一夕疾殁來有歯光
悲慟傷神嗟乎過矣萬終藏千秋百世

—136—

六十四、馬氏及夫玉泉公合葬墓誌　萬曆二十九年（1601）十一月二十六日

皇明衛祖母馬孺人合葬夫君壽官玉泉公墓誌銘／

文林郎、知陝西南鄭縣事晚眷生少山李梗譔。／

前軍督都府司教晚眷生葵岡常璜書。／

孺人馬氏，邑馬宣庄里恩詔壽官玉泉衛公繼配，東鄭里廩士倫之長／女也。萬曆二十九年辛丑八月二十四日卒扵內寢，孫省祭官衛君紹／泉將卜本年十一月二十六日啓壽官公壙合窆焉，禮也。適余將之陝／西南鄭任，因持狀來謁，求以誌幽之文追思。萬曆九年辛巳，壽官公捐／舘舍，余既誌諸壙矣。兹孺人之安厝也，義曷容辭！按狀，壽官公先配彭／氏，本里廩士福進長女，繼即孺人。孺人稟性莊淑，賦形脩偉。自歸壽官／公，迄今六十餘載。左右巾櫛，敬戒无違；綱紀捆政，井井有條。故家緒日／昌，而壽官公無內顧憂，悉孺人力也。隆慶辛未，子近泉君卒；萬曆辛巳，／壽官公辭世。遺孫紹泉，方弱冠。孺人撫摩鞠育，誨以義方。及紹泉壯，例／補府史，三考有終，獲膺冠服，次選天部。至曾孫參之，蜚聲藝林，撥科有／望，皆孺人庭訓之功。他若勤儉以起家，寬慈以御下，和柔以睦妯娌，仁惠以恤宗姻，又皆孺人婦道之懿彰彰著者也。宜享期頤，永式閨閫。遽／一疾而逝，惜哉！沗生正德十年乙亥四月二十二日，享年八十七歲，幾／古上壽矣！子男一，天元，即近泉。配董氏，絳縣大交里滿福長女。子女一，／適邑白馬西里王湯臣。俱彭出。孫男一，主，即紹泉。娶東王里都府司教／常君璜長女。孫女二：長適西張里王步舜；次適東王里常伯達。曾孫男／五：曰三才，即參之，邑庠生，娶同穎坊廩膳生關節長女；曰三俊，儒士，娶／北関廂邑庠生袁漢柱第三女；曰三傑，儒士娶東王里府庠生常伯适／長女；曰三宅，曰三鑑，俱幼。曾孫女三：長適余次男生貟李烱；／次適絳縣／續魯里增廣生柴起鳳子儒士文奎；次適邑李村里府庠生薛光閭子／儒士天秀。玄孫男一，永祚，三才子也。銘曰：

玉泉之岡，佳氣鬱蒼。母之／生也賢有德，壽享耆耄樂且康。母之沒也慶延後，彬彬文運見翱翔。嗚／呼！衛祖母之墓宮，千百禩其流芳。／

萬曆二十九年十一月二十六日，不肖孫衛主泣血立石，／本村玉工楊得春、楊得澤刻石。

皇明衛祖母馬孺人合葬夫君壽官玉泉公墓誌銘
文林郎知陝西南鄭縣事　晚眷生少山李梗譔
前軍督都府　司教　晚眷生葵岡常蹟書
孺人馬氏邑馬宣莊里恩詔壽官玉泉衛公繼配東鄭里處士倫之長
女也萬曆二十九年辛丑八月二十四日卒於内寢孫省祭官衛君紹
泉將卜本年十一月二十六日啟壽官公壙合窆焉禮也適余將之陝
西南鄭任因持狀來謁求以誌墓之文追思萬曆九年辛巳壽官公捐
舘舍余既誌諸壙矣茲孺人之安厝也義曷容辭按狀壽官公先配彭
氏本里處士福進長女繼即孺人孺人稟性莊淑賦形脩偉自歸壽官
公迄今六十餘載左右巾櫛敬戒无違綱紀捆政井井有條故家緒日
昌而壽官公無内顧憂者孺人力也隆慶辛未子近泉君卒萬曆辛巳
壽官公辭世遺孫紹泉方弱冠孺人撫摩鞠育誨以義方及紹泉壯例
補府史三考有終獲膺冠服次進天部壬曾孫參之蜚聲藝林掇科有
望皆孺人庭訓之功他若勤儉以起家寬慈以御下和柔以睦妯娌仁
惠以恤宗姻又皆孺人婦道之懿彰彰著者也宜享期頤永式閨閫遽
一疾而逝惜哉泝生正德十年乙亥四月二十二日享年八十七歲幾
古上壽矣子男一天元即近泉配董氏絳縣大交里滿福長女孫女一
適邑白馬西里王湯臣俱彭出孫男一主即紹泉娶東王里都府司教
常君蹟長女孫女二長適西張里王步舜次適東王里常伯達曾孫男
五曰三才即參之邑庠生娶同顗坊廖騰生閨節長女曰三俊儒士娶
北閔廂邑庠生袁漢柱第三女曰三傑儒士娶東王里府庠生常伯逵
長女曰三宅曰三鑑俱幼曾孫女三長適余次男生員李烱次適絳縣
續魯里增廣生柴起鳳子儒士文奎次適邑李村里府庠生薛光閏子
儒士天秀玄孫男一永祚三才子也　銘曰玉泉之岡佳氣鬱蒼母之
生也賢有德壽享耋耄樂且康母之沒也慶延後彬彬文運見翱翔鳴
呼茲謂衛祖母之墓宮千百禩其流芳
萬曆二十九年十二月二十六日不肖孫衛主泣血立石
本村玉工楊得春楊得澤刻石

六十五、王職及妻劉氏合葬墓誌　萬曆三十二年（1604）十二月十五日

明大同令王同野暨配劉氏合塟墓誌 /

王職字□任，別號同野，洛陽人。曾祖諱材，祖諱子良，俱未仕。父諱永臣，奉 / 恩例為壽官，娶我母楊氏，於嘉靖七年正月初九日生職於新安縣鐵門鎮。鎮 / 固曾祖志別業也。年十五，始歸洛陽學讀書。二十一歲，補庠弟子員。二十 / 八歲，叨縣官餼廩。四十歲，隆慶丁卯，舉於鄉。四十七歲，萬曆甲戌，成進士，□ / 年十月，授山西大同縣知縣。越明年乙亥正月，丁父憂，囬籍。先是，觀政大□ / 寺江陵相公張以「三月蓮花紫燕白雛」為題，命諸進士各做詩賦一篇。諸進 / 士率多稱頌相公功德，獨職賦中有「燕雀處堂，蓮花似面，物悖人妖，恒言惻 / 歎」之句。相公覽之，怒語人曰：「此子輕薄，吾以為祥，彼以為異耶！」時總督宣大 / 方逢時奉相公風旨，劾職年逼桑榆，遂削籍。計職登甲第居官僅七月，年未 / 五十稱桑榆，二百年來未有也。家居二十年，時為萬曆乙未。巡按河南御史 / 陳薦職以直言被罪，當起用。疏畧曰：「一篇詩句張居正，又有嗔心七月郎官，/ 方逢時遂下毒手。」中外以陳為知言要，未盡職生平，亦可槩職遭際矣。伯兄 / 聘，同學廩膳生；仲兄聆，布衣。俱先卒。糟糠妻劉氏，以疫卒於萬曆十六年。三 / 子：遵路、遵道、遵化。路，府庠生，娶潘氏，夫妻俱蚤卒；道，散官，先娶翟氏，継方氏；/ 化，府庠廩膳生，娶朱氏，又楊氏。路子之楨，出潘氏，娶李氏，子二：炳，聘許氏；炤，/ 未聘。道子之相、之樞，出翟氏，相娶陳氏，子一，煠。樞，府庠生，娶俞氏，子一，炊。先 / 是，化因朱氏不育，抱子之□，府庠生，娶陳氏、楊氏。生子二：之杓，聘魏氏；之柱，/ 未聘。職再娶王氏，係同姓，且再醮，殊覺犯禮，然私信不以為嫌。以之楨孤兒，/ 時未成童，湏得老成人託之撫育，且已六年，娶少婦，釀禍無窮也。竊念王氏 / 撫育之楨，不靳餘力，且余□遲之年得以優游卒歲者，維持調護之功居多。/ 死之日，之楨當承重，為守三年之喪。蓋録智伯之忠臣，又□豫讓固不□其 / 臣事范中行氏，而遂遺也。吾誌此，年已七十，尚無恙。因化兒夭亡在殯，知吾 / 來日之無多，遂落筆，嗣是有當□者，不妨續入。弟盖棺後，勿假諛墓者以□ / 吾過。

右誌，祖所自為也。七十時援筆書之緒，今又七年矣。不期萬曆三 / 十二年閏九月八日，同鄉老先生舉賀太尊，倐爾痰作，只語無言，棄子孫 / 而不顧，辭諸老以歸天。舉家失怙已，痛悼難挽矣。嗚呼！祖之為誌，所空月日，/ 樞誌之。卒之日在閏九月初八日，塟之日在十二月十五日。開祖母劉氏壙，/ 合

葬於東十里邙山之陽。本宜另求其誌，以述吾祖之素履。但吾祖之遺□／□在名公之褒談□當，孰敢不從□，故謹遵之以□。

　　仲孫之樞泣書。

六十六、張萬德墓誌　萬曆三十七年（1609）十月二十三日

誌蓋篆書四行：明勑封文／林郎七十／六翁望原／張公墓誌

明勑封文林郎望原張公墓誌銘／
賜進士出身、文林郎、巡按直隸監察御史春生喬應甲頓首拜撰。／
賜進士出身治下門下士馬之騏頓首拜篆。／
賜進士出身、行人司行人通家晚生王春楨頓首拜書。／

萬曆丁未冬十月，姻家張封公望原以疾終于正寢，其仲嗣新野君解綬奔歸，毀悴骨立。／稍間，杖而詣不佞曰：「孤不天，天奪之怙，孤即百其身莫贖矣。唯是闡其蘊而耀其潛，繫如／橡之管，事藉先生，而忍靳其華衮，不□賣窆中石，敢以齋沐請。」□□□固耳目，而□公／之德，方擬以戔戔之詞摹肖之，以武諸貽縠□□重□□□□□也，誼又烏容辭。按狀，／公諱萬德，字道甫，望原其別號也。世為善□□□□□高祖元昌生政，政生居代，有隱操。居娶拎王氏，寔生公。公生而岐嶷不群，少□博士家言，弗竟一意，辦治生術。性醇謹坦夷，／頻笑不苟，與人交弗設城府，取予必嚴，言煦煦然如恐傷。里中豪或張其勢以相齟齪，輒避／去不與校。然一聞人過，未嘗不侃侃矢誠也。躬自桔据拎農圃，暑雨之政，又不為一切心／計纖鄙態，僅取自給。蚤舉冢嗣輸貲事公府，次舉新野君。公拎乳褓中即雅奇之，而故嚴／為督誨，俾奮拎學。庚子，捷鄉書。辛丑，成進士，筮仕得新野令，觀公以行，公進而諭之曰：／「聖天子舉百里而委之若，若視民而有不如吾之視若，奚以稱任使。勿阿勿怠，以勿墜爾聲。」／新野君拜受命，率而行之，邑以大治。公猶時飛尺□，訊所為治。新野狀，則為之解頤，加／一匕。已而，新野君迎公養官邸，與太孺人偕。公性恬曠，好徜徉林莽間，邑邑衙署中，不自／快，旋即還里。乙巳，新野君奏三年最，／帝嘉賚之，晋文林郎，封公如其官，母為孺人。丁未，新野君竣計事，歸為公壽，跽進冠履脩爵，／延里黨。公舉觴對客，意仙仙樂也。新野君念公春秋高，依戀不欲行。公力勉之出，不得已，／乃還治。時走人候公起居，固強無恙。忽夜飲歸，起行庭中，童子徃挨輒叱去。偶觸拎閾，踣／焉，遂寢疾，五日竟不起。嗚呼痛哉！公體貌凝重，望之如太山喬嶽。積仁累行，有聞拎世。雖／以嗣君貴膺明誥，一裘一幘，涸迹場圃，不異寒約時。素非有雕，朴非有餙，庶幾古先民風／焉。歿之日，至比閭以迨臧獲，皆惜之。遡其生嘉靖十二年五月十三日子時，卒拎萬曆丁／未十月二十七

日寅時，得年七十有六。元配沈氏，耆民思忠女；繼杜氏，耆民欽女；繼陳氏，／司吏道女。子四：長士俠，省祭，娶陳氏，廩膳生員用賢女，繼荊氏，耆民克簡女；次即新野君／士俊，娶耿氏，儒官顯孝女，贈孺人，繼喬氏，儒士應徵女，封孺人；三士儁，娶馮氏，耆民良臣／女，繼管氏，崇約女；四士僑，娶陳氏，儒官憲女。女四：長適景和；次適許一槐；三適許東斌；四／適許一明。孫男七：長生員中鴻，娶儒官王一貫女；次中鶴，娶省祭原積壽女；三中鳳，聘許／一成女；四射斗，聘舉人邵希堯女；五中鵬，聘朱守智女；六中斗，聘舉人陳國柱女；七中鵬。／孫女三，長適生員李滋昇男李廷琦。新野君卜以三十七年十月廿二日，厝公於翟村處／新阡。夫士起蔬蹻，能以澤普寰中，而榮所自始。匪獨生才實異，固其先德懋哉！公身即不／試而沃根濬源，卒能鞠新野君而食其報。年躋大耋，邦國所欽，其欲啓佑，奚忝矣。而矧新／野君功名滿前路，所為顯揚而光大之者，正隆隆未艾也。是宜為銘，銘曰：／

　　維農之植而德之堅，乃全其天；維子之榮而開其先，亦曰逢年；不從扴滕公之阡，其後也／永綿。

六十七、張孟科地券　萬曆四十年（1612）六月二十二日

維／萬曆四十年歲次壬子六月甲子朔越二十二日乙酉，今據／大明國山西都司潞州衛後千户所百户張下舍余見在潞安府長治縣在／城春陽坊居住，立新塋祭主孝子張德訓等，茲者先逝／顯考張孟科、先妣温氏在於祖塋權厝，今故顯妣賈氏之喪在家停柩。自從／奄逝以来，夙夜憂思。因為祖塋重滿，不遑所厝，遂令日者擇此高原，来去朝／迎，地占襲吉。卜地属本府城正東偏北，坐北朝南，宜作乾山轉龍癸山丁向，／兼帶子午。青龍蜿蜒，白虎俯伏，明堂寬闊，書案方平。平陽之原，山水秀明，草／木茂盛，堪為塋域。謹用金銀錢財一十一萬九千九百九十七貫文兼五綵／信帛於／皇天后土處買到龍子崗陰地一方，南北長一十八步，東西闊一十六步，共積／二百八十八步，用地一畝二分整，合八卦吉。塚左至青龍，右至白虎，前至朱／雀，後至玄武。上指／青天，下指黄泉，中穴係亡故過顯考張孟科永為陰宅。內方勾陳，管分擘四域。／丘丞墓伯，封步界畔。道路將軍，齊整阡陌。致使千年百載，永無殃咎。若有干／犯，並令將軍亭長縛付河伯。今備牲牢酒脯，百味香薪，共為信契。財地交相，各已分付。令工匠修塋安厝已後，永保全吉。／知見神：歲主直符神后之神、月主直符小吉之神、日主直符從魁之神、／時主直符天乙貴神。左隣神東王翁、右隣神西王母。驗地神白鶴仙、／書契神青衣童子。故氣邪精，不得干惱。先有居者，永避萬里。若違此約，地／府主吏小吉神自當其禍。助葬主裏外存亡，悉皆安吉。急急如／玉帝使者女青律令。券立二本，一本奉上／后土地祇尊神，一本給付與墓中令亡故過顯考張孟科收把，准備付身，永遠／照用。今分券背，上書合同二字，令故氣伏屍，永不侵争，湏至券者。／

　　年主直符太衝之神。／

　　月主直符太乙之神。／

　　日主直符天罡之神。／

　　時主直符天乙貴神。

六十八、 王允樂及妻秦氏武氏合葬墓誌 萬曆四十二年（1614）七月十一日

明故德壽義官東溪王公暨配秦孺人武孺人合葬墓誌銘 /

賜進士、大理寺評事承涇雒于仁撰。 /

賜進士、元城縣知縣六我管應律篆。 /

鄉進士、平定州知州保宇王秉恩書。 /

按公諱允樂，字行甫，別號東溪，姓王氏，世為池陽望族云。曾大父有處士琰者，好德 / 喜施，所在流恩，月旦推重焉。娶于申，生三子：長族；次蓋；季爵。而蓋其公大父也。能濟 / 先美，亦生三子：曰澤；曰法；曰治。而澤又纘前人之緒，擴大其基，是為公考。娶孫氏，生 / 伯兄允壽，殤，無後。復娶張氏，始生公。復一為張氏，無出。當公舞象，器宇凝重，襟度 / 恢弘，僉已以亢宗期之。及冠，果以陶猗術旅墩埠間，道路跋涉，不辭寒喧。凡所以□ / 子母，徵貴賤，不遺餘力而讓能焉。且纖儉自甘，聲色不邇。不數年，貲寢寢擁巨萬矣。 / 竊自歎曰：「余自上世叺來世為賈，迨吾而家溫享臏，徒自守餘，亦自守虜哉！」慕弦高、卜 / 式之為人，扵是種齭西淮以佐 / 國急橐。居常樹橋樑，營祠宇。值歲艱，輒煑粥於路，以食餓者。親族不能舉火者，不恡倒 / 橐賑之。而其婚喪不叺時舉者，尤未嘗不加意捐助焉。其他子弟才幹而敏貿遷者， / 不惜數百金付焉。或負責，且寬慰曰：「昔曹沫以三北收功，今吾子豈以時蹇挫志。」復 / 出貲亦不即責息，即終身不償，雖焚券亦無愠意。以故聲稱藉甚，而為鄉宦保字，王 / 公獎借，式其閭曰「德壽」，以志褒也。未及而達，縣大夫李公叺仕冠贈焉，則通籍縉 / 紳間矣。 / 宮保溫公因以木塔之役煩焉，凡度材鳩工，大抵皆公之所為。則公之為人，蓋可知 / 已。元配秦孺人勤儉相夫，蘋藻有賴；継武孺人克嗣徽音，大衍宗祧；雷孺人卯翼有 / 功，松筠以操；副張氏調叶琴瑟，勖其不逮。子男三：三錫席公業扵兩浙，積善継焉； / 三 / 省習偶未就，不幸修文，俱武出；三才亦質實有謀，不陷其家聲，張出。三錫娶郝氏，為 / 光禄馬豀田先生之外孫，継劉氏，亦名家子。三省娶段氏，三才娶高陵来氏。女二：長 / 良姐，殤，秦出；次伏姐，適常貢士子應吉，故武出。孫男二：所成，三省出；所保，三才出。孫 / 女三：孝姐、順姐，三省出；鳳姐，三才出。公生扵嘉靖戊戌六月朔日，卒扵萬曆三十六 / 年正月初四日，享壽七十一。秦生扵嘉靖庚子三月廿日，卒扵嘉靖庚申七月初八， / 得壽廿一。武生扵嘉靖丙午，卒扵萬曆壬辰，得壽四十七。雷氏稱未亡人云。三錫

今／於四十二年七月十一日聽堪輿家言，合葬公夫婦于西郊新塋。持狀涕泣長跽，乞／銘且曰：「先大人先母久淹淺土，今啓塋兆，願賜一言，用志不朽。」辭不獲命，遂為之／銘曰：

秉德謙冲，要練世故。恂恂吶吶，儗足投步。身都素封，華囂非娛。西郊之塋，夫婦／永固。

萬曆四十二年歲次甲寅孟秋七月十一日，不肖男三錫、三才，孫所成、所保泣血上石。

六十九、田允成及妻趙氏楊氏合葬墓誌　萬曆四十三年（1615）七月　十一日

明文林郎、四川成都府溫江縣尹叔父育庵田公元配趙氏繼楊氏合塟墓志／

嗚呼慟哉！旬叔育庵先生之卒也，時旬薄仕東魯，職典民社，未能匍匐哀枢側。兹且附塟先塋矣，又不能／執紼际穸，徒感悲風，空縣淚河，慟可勝哉！會弟逢昌遥以狀聞，俾為誌。旬日困簿書，兼歲大饑，圖修荒政／弗給。安能摻□以詳叔之懿行，而心不忍恝，謹據狀所列以志其梗槩焉。按旬先世，始祖諱文通，自／國初籍長安，歷四世。迨曾大父諱登，以制科仕至河南大參，生伯祖諱府、祖諱部及叔祖諱科。叔祖舉孝廉，為／完縣令，配吉孺人，生四叔允治、允獲、允力，育庵其季也。諱允成，字百稔，別號育庵。生而聰敏，甫五歲時，叔／祖問曰：「讀書何為？」應曰：「為官人。」叔祖異之。及弱冠，潛心經史，善属文，且工逸少書法。萬曆乙亥，督學徐公／校士關中，補邑庠博弟子負。厥後，累試優列，後學翕然師之，其以授業游泮者甚夥。臬李公訪延賓舘，／訓子騰驤。未幾，魁北畿鄉試，悉叔善誘力也。叔性至孝，當庚辰，叔祖見背，哀毀骨立。或勸之節，益痛悼不／已。越己丑，復丁叔祖母憂，一切禮制悉如前喪，而哀則又過之。先是，數奇，累困場屋，鬱不淂志。至是，服闋，／試竟第一。文宗姜亟稱曰：「傑士！」甲午，奉例掄取選貢，叔與選。卒業成均，歸擢本省丁酉鄉薦，凡三上南宮／不第。迨丁未，就謁銓曹，除益州溫江令焉。戊申，抵任，首先視學，校士品題，准若鈞衡。繼閱庫倉，稽查儲跱，／毫髮不爽，狡點屏跡。時縣有採木之役，豪滑私派幫帖，大為民蠹。旅輯元惡，繩之以法，民始脫累，淂安堵／焉。縣地糧有額數，被水沙衝淤，民苦賠賦。後墾拓收穫盈溢，而巨奸隱不坐稅。叔為申派，以均其賦，民頌／其公。邑俗，貧民殯者無塟址，舉而委之原野，犬鴉殘毀。叔哀憫，迺置義塚棺席，以殮瘞之。庚戌，隣邑無年，／饑民就食扵溫。旅捐俸薪，易米煮粥哺之，餓者胥賴以生。遠邇頌曰：「蒼生真父母也。」辛亥，疫癘煽熾，痛者／弗起，旅市藥命醫調治，其全活者數百計。一日，閱圄扉內有士人瞿有隣緣僮僕被逮，前後勘者坐生死／刑繫獄，凡二十年。叔察其冤，申請出之，合邑頌神明焉。叔涖任凡四載，教隆化洽，境內大治。臺憲交獎賢／能，僉謂宜有不次之擢。會要津有所私索，竟亮節不阿，陰遭中傷。議改，聞報不赴調，毅然掛冠而帰，邑民、／隣民率號泣擁留不淂。叔咏歸扸家，自處澹然，故宅盡讓

與伯仲，乃置別業止焉。叔心田慈和好施，予妹／貧無資，時為贍給。兄允力、
侄濬昌繩昌暨姊氏四喪相継，咸衾襯給之。外父邑宰楊公靖，子無以為喪，／
塟時，楊氏已故，而尤以父襄事為己任。外母趙衰老且貧，乃為供給者終身。
庶母武氏，推親遺愛，養贍送／终，無少替。門人陳鴻儒貧不能娶，叔厚助完
婚。及不禄，復厚為之賻塟。叔之生平德人普矣，宜享遐齡。奈／數不能益，
甲寅一疾，俞跗罔功。知不可為，囑子繼述，遂捐舘焉。慟可勝哉！叔生扵嘉
靖戊午季秋五日，卒／扵萬曆甲寅孟夏十日，壽五十有七。元配趙氏，長安處
士趙公經女。繼楊氏，右衛縣尹楊公柱女。俱先叔／卒，無出。再娶郭氏，前
衛兵馬郭公梁女。生男二：長逢昌，配楊氏，長安知州楊公作孚女；次胤昌，
早殤。孫男／一，延福。孫女一，六姐。卜今旂蒙単闕天呂吉兆，安厝扵木塔
祖壙之次。旬與叔幼同硯墨，情愛最深，茲以／匏繫，反不能方素車白馬之友
誼，心竊傷之，謹勉志其行而哀惋云。／

　　山東兗州府城武縣知縣侄田旬頓首拜撰。／

　　長安後學眷晚生楊壯雷頓首拜書。／

　　宜川王府鎮國中尉眷甥惟煥頓首拜篆。／

　　不肖男逢昌泣血上石。／

　　卜楨棟鐫。

七十、近塘公墓誌　萬曆四十三年（1615）八月五日

額正書：近塘公墓誌

近塘公乃蕭 / 少塘公之長子也，行銀四，生萬曆戊寅九月初九 / 亥時。娶許氏，生子二：長文綸，早世；次文維。按 / 公為人持身正大，制行無陂，事親孝敬，處眾 / 謙和。治家效君陳之政，宜弟詠棠棣之歌。正 / 宜寿享百秩，胡然梦入南柯。斯時也，享年三十 / 有六。告終日，乃壬子八月廿四日也。卜塟本家上 / 厥，塟年乙夘又八月初五。山向癸丁兼丑未，協吉。 / 乃銘曰：

厥壤天成，山秀水明。 / 牛眠協吉，福寿康寧。 / 公居此地，世泽其馨。 /

大明萬曆四十三年又八月吉日，孤男蕭文維泣血立。

七十一、吳之俊地券　天啓元年（1621）八月十五日

維大明天啓元年歲次辛酉庚子朔初十日己酉，礼／葬開穴立券後，用本年八月十五日甲申安葬，今拠西安府高／陵縣廓下里新街居住吳輅等茲為／故父明威將軍吳公諱之俊，母程氏，継母郇氏、崔氏奄／逝，未卜茔墳，不違所厝。遂于今日择此平原，來去朝／迎，地占襲吉，位属東南辰方癸山之原，堪為茔兆。／已僃錢綵，買到茔地一方，東西濶一十三步，南北長一／十七步，計地玖分三厘。左青龍，右白虎，前朱雀，／后玄武。內方勾陳，分掌四域。丘丞墓伯，封步界畔。／道路將軍，齐整阡陌。使千載無咎，永保子孫吉昌。／知見神：歲主功曹、月主太乙，代保神今日值符／太乙。故氣邪精，不淂干怵。先有居者，遠避万里。若／违此約，地府主吏自當其咎。存亡悉吉。急急如／五帝使者女青律令。券立二本，一本奉付／后土之神，一本給付立祖亡人吳之俊收執僃照。券背／又書合同。故氣伏屍，永不侵争。

七十二、郭應瞻及妻俞氏合葬壙誌　崇禎四年（1631）十月十六日

額篆書：皇明／明遷仙之世祖仰峰郭公壙誌

明詔賜冠帶邑鄉飲賓待贈仰峰郭公暨俞孺人合葬壙誌銘／

曩余在諸生時，外父李錦寰公所雅稱公嘉言懿行，為兒輩嚆矢。余用知錦寰公所以善公，與余所以善錦寰公者，均托贅壻以旦夕／安否無異。炙公也久，而語公政自纚纚也，迺言之無文，行之不遠。公有隱德，亦恒冀夫來世知者。余幸職史，謬膺文學之寄，人物之臧／否，一稟以公道，其素所自矢也如此。公之孫曰喬者夙相信，先期馳一介青州，適／聖天子使命，奉詔封衡王府。道接尺一函，京兆吳公序八裘壽章與公生平所為狀，請余誌。余觀公狀，憶錦寰公疇昔所嘖嘖嘉言／懿行，悉載于此，公真不可朽已，是為誌。誌曰：公諱應瞻，字啓尊，仰峰其號。本莆南水人，十五歲從大父賈于僊，遂為僊人。先是，有祖恂／公者，仕唐為明賢侍郎，訪九真遺蹟，夛佳山水，因居邑之大蜚，此卣或與公相券合云。迨宋，冠益蟬聯，聞人輩出。元季，徙莆魏塘，有孝／子義重、道卿、廷煒三公，祖孫鼎峙，雙闕巋然。從魏塘徙三塘，為元寶公，公九世祖也。傳慚軒公，慚軒公生鈍齋公，鈍齋公娶東陽陳氏，／是生公。公生五歲，背鈍齋公，母陳孺人誓節立孤。設公不克承先訓，毋以貽太孺人憂。迺約畧公生平，稺而壯，壯而老，老而賓膠序。嘉／言懿行，京兆公載之詳，不待余贅也。俞孺人者，父諱亭俞世昂公竟一女，年二十歸公。自稱婦以至白首，凡公所欲問遺贈卹必從，更／力贊，務出其厚。獨昵季子，不幸早逝。課季子子喬，躬授章句，即塾師不啻也。間嘗為諸孫卜顯庸，必嚴警曰：「而家世有潛德，高曾下達，／抱處士之義以終，百年當興，而其勉諸。」識者謂公刑于之化使然，行將恢厥后，胡公舉犬夫。子三：長公數奇不售；次二公先後歿。諸孫／淹滯棘闈，視弟子員若匏繫。然青鳥家僉言：公五馬山祖兆不祥，塚臂隙地復為庸術誤指，不變將覆爾。公善其言，日圖長公改卜。未／幾，而公疾革。越五年，而長公溲從公于地下，事寢且數年也。屬長公有姻戚蔡君者，善堪輿家。言韞櫝自愛，自耉功親屬之外，鮮能脫／其輻者。季公子喬連諸仲斂請，一再而出，獲吉，在邑治善化里蓮山之陽，去治七里許，兹以崇禎辛未歲十月十六日寅時吉，奉公及／孺人柩厝焉。枕壬履丙，左公，右為孺人。公生嘉靖甲午六月廿六日卯時，卒萬曆已未七月廿三日戌時，壽八十有六。孺人生嘉靖甲／午正月十一日亥時，卒萬曆甲寅七月十三日寅時，壽八十一。子三：

長師汾，娶壽山陳公萬里女；次師泰，娶麗水令朱公□為□女；三／師賀，娶書街吳公正泗女；女二：長適徐州別駕李公成章，號錦寰，余外父也；次適唐王府典簿黃君瓚。孫男七：昌期、昌甲，長公出；昌禧、／昌胤、昌仍，次公出；喬與昌會，季公出。禧，邑諸生，娶橫塘張公大年女；胤娶瑤山李公其輝女；喬，邑諸生，娶邑庠士李公九奎女；甲娶金／沙蔡君應霽女；若期、若仍、若會，先公卒。孫女四：一適庠生鄭胤弼；一適增廣生林喬楠；一適太學生林清儁男士襄；一適同鄉張侃。曾／孫男八：禧出者為樑為登；胤出者為斑為瑋；喬出者為璜為璘；甲出者為瑜為玘。斑娶林一煜女；樑娶王士節女；璜娶庠生陳衷緯女；／餘未聘。曾孫女八：一配莆東里貢生黃顯男休風；一配鄭元俊；一配嚴志思；一配邑學生朱太綏男士；一配鴻臚序班嚴洪憲男志遇；／餘未配。玄孫男曰首曰乾，女曰泰。嗣此蕃衍莫誌，詎非公慶澤所貽耶！敬勒銘於左，／銘曰：莫戀者桑梓，而公棄若履；莫虧者言行，而公守若雌；莫難必者期頤，而公歸扵嬰兒。豈曰分定，自致則然，寔有望夫將來。／

　　崇禎肆年十月十六日吉，不孝孫昌禧、昌胤、喬、昌甲仝泣血立石。／

　　賜進士出身、奉政大夫、右春坊右庶子、兼翰林院侍讀、掌坊事、直／起居注、纂脩／國史寔録、經筵講官外孫婿朱繼祚頓首拜撰。

七十三、張美含及妻楊氏合葬墓誌　崇禎六年（1633）十二月八日

明承德郎、陝西慶陽府通判震東張公暨配孺人楊氏合葬墓誌銘／

賜進士出身、通議大夫、太僕寺卿、前工科都給事、督理大工、侍從／經筵郢人郭興言撰。／

賜進士出身、文林郎、山東道御史郡人邢紹德書。／

賜進士出身、文林郎、山東道御史郡人潘倬篆。／

予叭白雲既冷、栢露零落、雪涕空山之畔，若十畆之可棲偃也。適震東張公子與箕持母狀／謁予丐誌。予與震東善，稔公之才德，月旦共推孺人閨範夙著，蘭風桂韻，卓然母儀，予何／難為幽石之銘也。按張譜，先籍吳江，祖松遷雒居，生京。京生鳳，鳳生調元，即公父。娶葉氏，早／卒。再娶金氏，誕公，諱美含，字孟美，別號震東。丱變穎超，結褵楊公澤女。摽梅之初，盈盈俱當／十五。而公少年，每懷江都下帷之思；擁縹緗，不減南面百城。摩勵雲霄一羽，似月户苑香之／可立為襄。孺人刺女紅，佐丙夜，則樂養子之義也。公肄業益力，於乙亥游黌。壬午，薦賢，書建／中原旗鼓。丙戌，上公車，蕭太史擬第一，格於數不偶，時也命也！公恬然不介於懷。已而，太／史俾之南遊，聲華益藉藉，馮具區范屏麓諸名公且揖重焉。然叭終弗售，有拂冷吳鉤之悲。／孺人曲為慰，時濡毫趁銀船佳思，叭澆其磊塊之氣。尋太夫人春秡高，公愀然曰：「豆區釜鍾，／不叭及時劼勞之謂何。」廼就銓，任寧鄉令，寧固磽田逋負之區也。公嘔心拮据，撤官役，剪巨／盜，清賦稅，撫流移。不逾年，而寧邑治，小民歌五袴焉。當事者叭賢聞，擢慶陽判。公厭簿書鞅／掌，怡志鱸蓴。托目疾與孺人奉扳輿而歸，倣香山耆英社，與二三同調尋盟詩酒。孺人割脯／儲斗醞叭待，頗有案肴風。堂上姑髮鬖鬖白，而日手羞甘旨侍左右無倦。自官邸叭及歸林，／絕不叭珠璣翡翠自兢餘。凡戚属貧窶者，周恤弗吝。太夫人即世，依棺痛哭，脱簪珥佐喪資，／俾張公從容苫塊，克襄大事，且推太夫人之惠。有公妹適金氏尋偕卒，方六越月，孺人／曲撫育之，衣履皆手出，而今且迪之成立。雖叭太夫人四十年黃鵠之既寡，而貞玉娛如者，／孺人有叭順其志也。雖孺人不叭德色，張公亦不叭德孺人，雒人靡不為孺人頌懿美，猗歟／休哉！其生與公皆嘉靖癸丑歲，公卒叭天啟四年臘月朔有九，孺人卒叭崇禎六年四月／十有七，孺人後公十年卒。按前誌世系，中今更增孫女二，曾孫一，曾孫女二。冢孫彥珩辛未／食縣官餼，今則聯兒輩叭天坽業，予每欣羨其有廼祖風。公與孺人齒德並著，胤嗣濟美，／其禔福寧有涯涘哉！茲叭十二月

八日，合窆先塋。玄鶴雙飛，石節凝彩，壠雲其永矢之矣。銘／曰：

　　是惟千秋之室，玄玉雙扃以永晨夕。拂劍光之石馬，其彭澤之後身兮。栢花朝飧，俟常笏／於鼎葉之方七。／

　　石工魏國賢鐫。

七十四、李升及妻薛氏侯氏張氏合葬墓誌　崇禎十四年（1641）十一月二十四日

誌蓋正書：明將仕郎省榮官喬軒李公暨／孺人薛侯張氏合葬墓誌銘

明省荣官喬軒李公合葬孺人薛氏侯氏張氏墓誌銘／

省荣公既卒且葬，承重孫庠生等念合祔大事，慎簡吉辰，盖受命于□，卜勿之／臆參焉耳。臨期，具言太父之得，祈余為誌銘。夫省荣公之賢，余素習知，固急欲／闡述者也。乃敢銓次為誌而銘之，誌曰：公諱升，喬軒其號也。始祖德自洪武年／世籍臨晋縣石衛里，人繁而殷，條山一葉稱巨族焉。代次高祖棠以贊政起家，／曾祖逢春居業而息之，及祖源溙又以抱関丕振。而父學詩，母張氏因之，輸粟／積善，始生光焉。祖源溙見而異之曰：「光前裕後者，其此子乎！」爰是勉就外傅，肄／舉子業，公以謂儒冠悮人，萌刀筆志。公優營私家，隆隆而中興，五子降生，日覩／四世之孫。且也年躋八旬，老當益壯，染恙未卧而卒。男孫女行二十余人多矣／哉！古未嘗有也。況長孫身遊黌序，仲子紹跡蕭曹，玉樹林立，又何其難也。喬軒／公亦可謂五福駢臻，多福多壽多男子矣。倘非公之盛德，何能至斯哉！公之生／也，寡言笑，嚴耽予。侍父無懈意，奉母有婉容，愛姊妹多所給饗，甥壻若己子，姑／母表弟不時問饋，祖父室人加敬供養。盖推祖父之志，而克諧以孝者也。其家／愈温，衣食不擇華鮮，每謂天物可惜，然喜豪施。坐上多筆硯友，而荐紳先生時／就訪之。所以吉凶賓嘉，無不成禮；課子弄孫，悉有義方。姻族賴以舉火，閭里藉／以平章。末年累為兇宦為侵，竟且付之漠然。雖欲如昔施棺材、助嫁娶，固不可／得。而其性行甚侶，八十年如一日焉。為子孝也，為夫和也，父慈而祖仁也，主寬／而僕婢樂為役也。假令喬軒公以治家之才而移之治國，安知净静無為者／不能使民之庶且富哉！公元配薛氏，继侯氏、張氏，先公卒，壙記載有鴻妻之風。／繼王氏，可变國俗。公生于嘉靖壬戌年十二月廿日戌時，卒于崇禎辛巳年二／月二十一日子時，享壽八十歲。子五：長養棟，娶趙，薛出，先公卒；次共履，娶喬，張／出；三共賞，娶王；四共荐，娶王；五共美，未字。俱王出。女四：長適杜起龍，侯出，先公／卒；次適侯克儉，賀出；三適張履徵；四適張頴達。俱王出。孫男六：長滿門，先公卒；／次即庠生盈門，娶薛，俱養棟出；三盈崖，字雛；四盈止，幼，俱共履出；五三帶；六四／帶，俱幼，共荐出。孫女一，字張珽，共履出。曾孫男三：長是瑛，娶謝；次是瑠，字曹；

三／是珵，字朱。曾孫女二：一適劉一；一幼未字。俱盈門出。合葬在崇禎辛巳十一月二／十四日，墓在洗馬村南二峪口新塋第一全歸之宅。嗚乎！公之一言一行，可法／可傳，即謂富而好行其德，素封君非耶！銘曰：／

此喬軒李公之壙兮，合葬孺人薛侯張兮。嗚乎！千載而下，既固且安，以利嗣人兮。／

欽差整飭莊浪兵俻道、兼理馬政屯田水利、陝西按察司僉事李□楳撰。／

承重孫盈門、孤哀子□□等全泣血稽顙立石。

七十五、呂允升及妻陳氏楊氏薛氏合葬墓誌　崇禎十五年（1642）十二月十七日

內閣誥敕房辦事、試中書舍人磻陽呂公暨配陳氏楊氏薛氏合葬墓志銘 /

賜進士出身、左春坊左中允、兼翰林院編脩、前國子監司業、編纂六曹章奏、直 / 起居注、奉敕纂脩會典武經、知制誥、經筵日講官眷侍生衛胤文頓首拜撰。 /

賜進士第、中憲大夫、分守浙西道浙江按察司副使、兼布政司右參議、前南京户部江西司郎中同邑韓文鏡頓首拜書。 /

賜進士第、文林郎、巡按直隸順永等處河南道監察御史、前工部都水清吏司都事同邑韓文銓頓首拜篆。 /

初，余為諸生時，即耳熟呂公名，聞其人倜儻好高節，博學嗜古嫻文章，衣冠慕之輻輳，恨未識其面。迨辛未，余侍□ / 一第，俻員史職，而呂公亦遊太學，得以時相過從，接談竟日。胸中汪洋如千頃波，莫可涯際，洵名下無虛士哉！且其□ / 魁梧，善飯善飲，每飲必酣醉高歌，其樂陶陶然。方以百年期之，一旦捐舘舍，天乎人也，不可問矣！其子太學君持余□ / 伯韓中翰先生所為狀，丐銘扵余。余辱在知交，不敢以不文辤。按狀，公諱允升，字際隆，磻陽其別號也。相傳系出太公 / 後，初居慶陽，後徙居咸寧之新門村。遠世無譜可攷，近代有祖曰嵩。嵩生演，演生士吉，士吉生廷元，是為磻陽公父。□ / 陳義甚高，月旦重之有丈夫。子四：長曰允達，次曰允道，皆工計然術；其四曰純者， / 神宗朝選充内翰掌御馬監事，署管盈積草場，雅有廉静稱；磻陽公其行三也。公生而穎異，弱冠補學宮弟子員，試□髙 / 等廩饌于庠，為當路所賞識。督學錢先生嘉其德行，破格獎異，以為諸生矜式。會少墟馮先生講明理學，公心慕之，□ / 負笈門下。其於問難之際，多所發明，馮先生亦稱其淹通博雅云。一日，先生登華岳，從遊者以數百計，凢所講論，公即 / 心識之，退而彙為語録。先生見為善之，方欲付梓而先生殁，然終當行于世也。公嘗讀書杜陵，遷扵曲江，又遷于终南 / 之天池寺。每至一地，其執經問字者，户屨嘗滿，授徒幾百人，而列黌序者參半。束脩之多寡不問，且間給筆楮，以賙其 / 貧者。父病，躬侍湯藥，衣不解带者浹月。及殁，哀毁盡禮，鄉里交頌之。其继母性嚴難事，公獨得其歡。事兩兄如嚴父，待 / 介弟以友恭，不析匕箸者盖三十年如一日也。居嘗喜博涉群書，尤精于凤鑑，邑侯丁公、馬公咸敬重之。有懷暮夜金 / 求嘱者，公正色辤曰：「吾豈以阿堵物玷我生平哉！」至扵立湯

房以濟渴，建津梁以濟渡，設義倉以濟貧乏，且仗義好施，／說者謂有古人風
焉。有族叔道巤先生者，公蒙師也。公執弟子禮，奉衣餽食，雖至老，敬事不
衰。而族人之待以舉火者，／又不可勝數也。一日，忽自歎曰：「三試秋闈不
弟，或拘于聞見不廣耳。與吾友一鄉士，何若友天下士乎！」遂拔例入成／
均，及兩試京闈，又不弟。歎曰：「與吾守呫嗶之業，何若為國家樹不朽之業乎！」
會／朝廷纂脩玉牒，急需博通典故者，而公獲與其選。事竣，奉／旨，給與冠
帶，取入史舘辦事。尋晋／誥敕房辦事，授試中書舍人。瓜期將屆，旦晚／貤
封，以荣兩尊人扵地下。不意偶中時疫，溘然長逝，時崇禎辛巳二月廿三日也。
距生於萬曆庚辰五月初四日，享年六／十有二。配陳氏，同邑陳君應利女。繼
楊氏，同邑楊君俊女。咸有女德，皆先公卒。再继薛氏，亦克執婦道，年財三
十六耳。／不幸同時染疫，越公歿之三日，亦卒。子二：長生馨，邑庠生，入
成均，稱太學生，娶同邑楊君天順女，陳氏出；次生馥，邑庠／生，出繼長公
允達嗣，楊氏出。女二：長申秀，適同邑庠生楊君道見，陳氏出；次監秀，未
字，薛氏出。孫男一，肇岱，聘庠生曹／君憲之女，生馥出。太學君卜扵崇禎
十五秊十二月二十有七日，葬公扵韋曲之新阡，舉陳氏、楊氏、薛氏而合窆焉。
余□／魯少文，不足以揚徃绪，崇潛德，第傷公之偉抱未展，賚志以歿，不欲
泯泯無聞也。故銘之，以為好脩者立幟焉。／銘曰：

　　於惟吕氏，太公之裔。徙家芷陽，隱德世丗。磻陽崛赳，行脩經明。孝友
媚睦，多士雲從。／玉牒著績，綸扉視草。懋德懋官，宜錫難老。胡天不憗，
遽夢乘箕。隧而相見，三媛從之。玄宮萋萋，九原膴膴。墓石貞珉，奕世／
昌阜。

　　不肖男生馨泣血上石，／卜楨暨男德元鎸。

七十六、達公墓誌蓋

誌蓋篆書四行：明故南昌 / 司訓東園 / 達公墓志 / 銘

七十七、陳公墓誌蓋

誌蓋篆書五行：明進士亞 / 中大夫廣 / 東嶺南叁 / 政陳公墓 / 誌銘

七十八、郭公墓誌蓋

誌蓋篆書四行：明故飫 / 善處士 / 郭公之 / 墓誌銘

七十九、錢君墓誌蓋

誌蓋篆書三行：明儒醫 / 弌齋錢 / 君之墓

八十、阮君墓誌蓋

誌蓋篆書四行：明故奉直大／夫湖廣興國／州知州東山／阮君墓誌銘

八十一、楊氏墓誌蓋

誌蓋篆書四行：明故達／孺人楊／氏墓誌／銘

八十二、陸氏墓誌蓋

誌蓋篆書四行：明故刑科給／事中思軒顧／公配陸氏太恭／人墓誌銘

八十三、夏氏墓誌蓋

誌蓋篆書三行：明故上官／母夏氏孺／人墓誌銘

八十四、韓王夫人劉氏壙誌蓋

誌蓋篆書四行：皇明誥／封韓王／夫人劉／氏壙誌

八十五、夏存賢墓誌蓋

誌蓋篆書二行：明夏存 / 賢之墓

八十六、閻紹南及妻李氏墓誌蓋

志蓋篆書五行：明鄢陵縣 / 司訓紹南 / 閻先生祔 / 元配李孺 / 人墓誌銘

八十七、小川公及妻尤氏合葬墓誌蓋

誌蓋篆書四行：皇明宗室 / 小川公元 / 配尤氏合 / 葬墓志銘

八十八、陳公墓磚

明承直郎台州府通判莆 / 城左金橋巷艾菴陳公墓

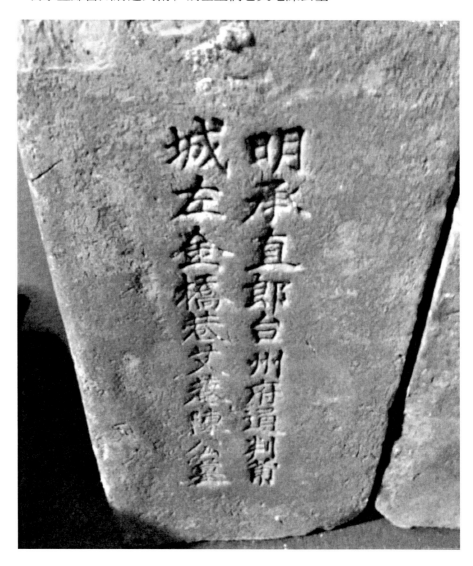

參考文獻

1. 周峰編：《貞珉千秋──散佚遼宋金元墓誌輯錄》，甘肅教育出版社，2020 年。
2. 周峰編：《散見宋金元墓誌地券輯錄》，花木蘭文化事業有限公司，2021 年。
3. 周峰編：《散見宋金元墓誌地券輯錄二編》，花木蘭文化事業有限公司，2021 年。
4. 周峰編：《散見宋金元墓誌地券輯錄三編》，花木蘭文化事業有限公司，2022 年。
5. 周峰編：《散見宋金元墓誌地券輯錄四編》，花木蘭文化事業有限公司，2022 年。
6. 周峰編：《散見宋金元墓誌地券輯錄五編》，花木蘭文化事業有限公司，2022 年。
7. 周峰編：《散見明代墓誌地券輯錄》，花木蘭文化事業有限公司，2022 年。